EL LEGADO DEL NIBELUNGO

LUIS ALTAMIRANO CAÑOLES
PRECURSOR DE LA UFOLOGÍA EN CHILE

Rodrigo Bravo Garrido

EDITORIAL DIGITAL
FEBRERO 2021
SANTIAGO DE CHILE

EL LEGADO DEL NIBELUNGO
Rodrigo Bravo Garrido
Primera edición

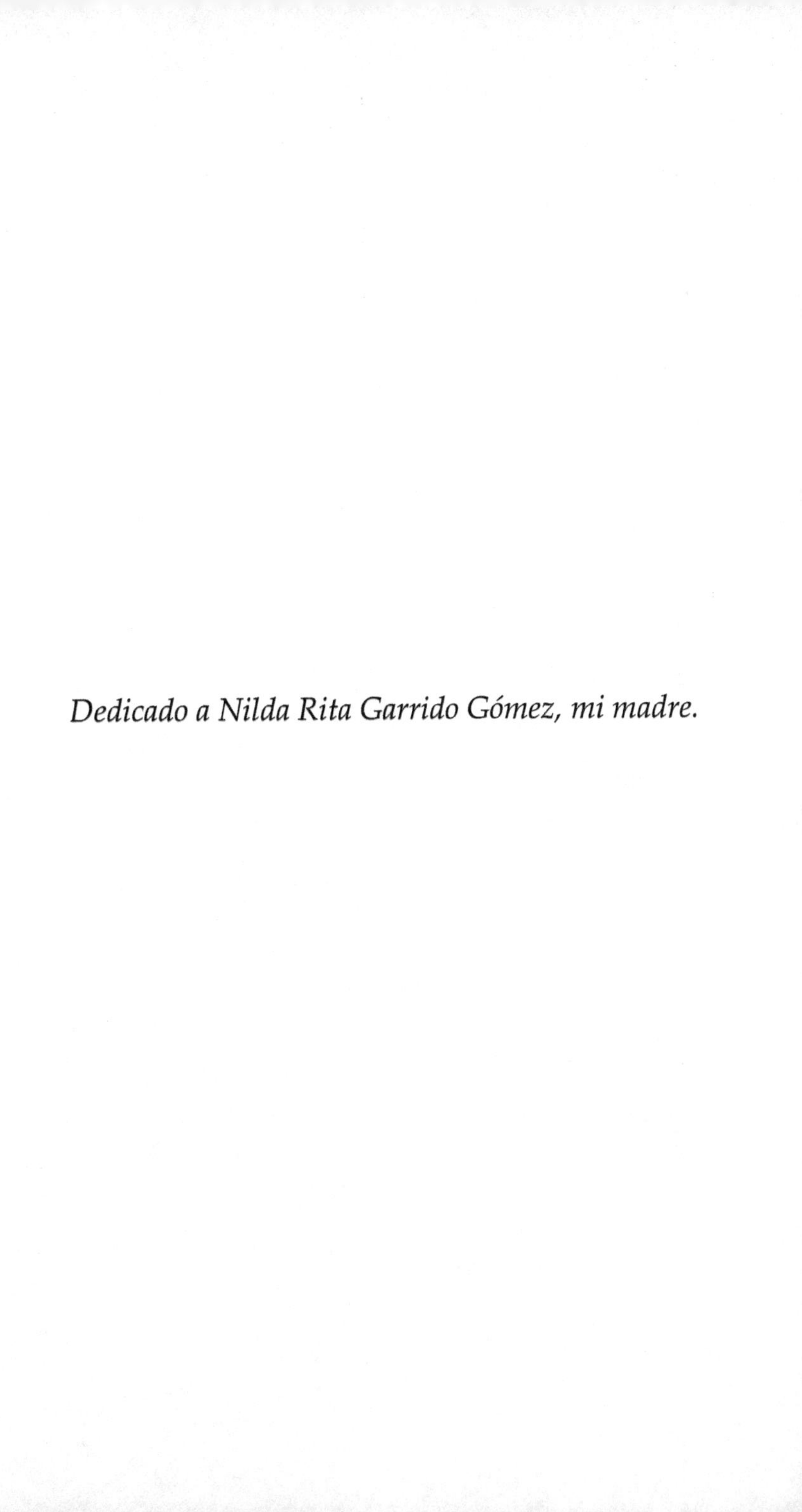

Dedicado a Nilda Rita Garrido Gómez, mi madre.

CONTENIDO

PRÓLOGO

La antigua locución latina *carpe diem* («aprovechar el momento presente sin esperar el futuro») fue lo que impulsó a Luis Altamirano a buscar, por seis décadas, todo lo que apareciera en la prensa nacional sobre el tema ovni.

Su rutina semanal era trabajar en una fábrica de encurtidos de lunes a viernes, y los sábados se refugiaba en la sala de periódicos de la Biblioteca Nacional. Allí, entre amarillentos diarios, cuyo papel muchas veces se deshacía entre los dedos, buscaba anhelante todo lo que aparecía sobre el fenómeno ufológico. Inicialmente, lo transcribía a mano, pero cuando llegó la fotocopiadora a la biblioteca todo cambió y fue acopiando material insólito, desconocido y asombroso, que hacía recordar al investigador norteamericano Charles Fort, autor del *Libro de los condenados*, quien, a principios del siglo pasado, se dedicó a recopilar información sobre hechos sin explicación en la época con una diferencia notable.

Fort vendía lo que encontraba a los medios de comunicación de aquellos años y publicaba sus propios textos, pero el magnánimo Luis Altamirano compartía lo que iba descubriendo con todo aquel que se lo solicitara. Su generosidad no tenía límites, aunque sus privaciones eran enormes. Por eso, aplaudo la iniciativa de Rodrigo Bravo Garrido, autor de los libros *Ufología aeronáutica* y *Los extraterrestres han muerto*, de rendir un homenaje al «Nibelungo», como lo conocían sus amigos, todos interesados en el fenómeno ovni.

Hasta donde sé, Luis no tenía parientes y su círculo de conocidos se limitaba a quienes estaban inmersos en este mundo misterioso e impenetrable de los platillos voladores.

En estas páginas están las opiniones de quienes, cierta vez, recibieron algún dato o un pensamiento siempre desinteresado de Luis: Raúl Núñez Gálvez, director del *Noticiero ufológico autónomo*; el periodista Jaime Tamayo; los investigadores Rodrigo Fuenzalida Herrera y Raúl Gajardo Leopold; el escritor César Parra, autor de *Fantasmas y casas embrujadas de Chile* y de *Guía mágica de Santiago*; y el periodista Diego Zúñiga Contreras, quien, junto al abogado Sergio Sánchez, fueron redactores del boletín *La Nave de los Locos*. A ellos se suman la hermana Ilya Criseida Chuchón, directora del Hogar Nº 5 de la Fundación Las Rosas; Dania Vega Aguilera, estudiante de pedagogía en filosofía; y Rebecca Levis, estudiante norteamericana radicada en Chile.

En nuestra literatura han sido frecuentes los panegíricos a personajes históricos que se han destacado por su actividad política, sus obras literarias y hazañas deportivas. Todos fueron personalidades notables de su tiempo, pero Luis Altamirano Cañoles no apareció en los medios de comunicación, pues su contacto con las personas fue directo, silente y anónimo, a través de su trabajo metódico y solitario.

Quizá cuántos recurrieron a él en busca de un dato, una aclaración o información, y ese fue el mundo que construyó desinteresadamente a través del tiempo. No creo que nadie del ámbito ufológico nacional que haya recurrido a él no tenga una palabra de agradecimiento por su generosidad y grandeza sin límites.

Sin embargo, la inexorable parca lo llamó el 8 de septiembre de este 2020. La pandemia de COVID-19, que afecta actualmente al mundo, impidió que fuera despedido como suele ocurrir con las personas notables. No hubo procesiones fúnebres, coronas, mensajes ni discursos en el cementerio; fue un funeral privado. Se inhumó gracias a la generosidad en el mausoleo de la familia Garrido Gómez, en el Cementerio Metropolitano.

Si bien todo hombre muere, no todos los hombres logran un recuerdo imperecedero más allá de la muerte como Luis Altamirano Cañoles.

Juan Guillermo Prado O.

INTRODUCCIÓN

Decidí escribir este libro con el anhelo de plasmar mi total admiración por el trabajo y, especialmente, mi cariño hacia Luis Altamirano, quien, además, siempre reflejó su extraordinaria calidad humana y generosidad, dejando en mi persona un inmenso legado de virtudes y enseñanzas.

Tuve el honor de conocer hace más de dos décadas al querido Nibelungo y, desde aquel instante, admito que comenzó una fraterna y sincera amistad de forma casi automática.

El 24 de junio del año 1997 se cumplieron 50 años del inicio de la llamada «era moderna de los ovnis», y Chile no estuvo ajeno a dicha conmemoración. Hasta nuestros días, se recuerda en el mundo ufológico la mal denominada «oleada del 97»: avistamientos reales, ficticios, frutos de psicosis colectivas o sencillamente producto de los medios de comunicación. Aquel 1997 fue un año de bastante actividad ovni, pero en un contexto más bien mediático, lo que, para mí, un joven de 21 años, se tradujo en el impulso para escudriñar en este tema mediante la composición de un ensayo para un concurso literario militar. En el proceso de investigación para dicho trabajo, recibí el primordial apoyo de tres personas a las cuales considero, hasta hoy, como grandes amigos: Luis Carlos Sánchez Perry,

Rodrigo Fuenzalida Herrera y Luis Altamirano Cañoles, a quien dedico este libro.

Seguidamente, en el año 2000, plasmé otro escrito relacionado al mismo contenido, pero desde una figura diferente o, mejor dicho, desde una perspectiva específica y mucho más técnica, lo que decisivamente plasmó un nuevo concepto en el estudio de los aclamados ovnis: me refiero a la llamada «ufología aeronáutica». En ese momento, una vez más, Luis Altamirano me tendió su mano con valiosa información de casos chilenos que, sin duda alguna, fueron sustanciales para el éxito de ese nuevo proyecto. Casi dos años después, exactamente el 30 de mayo del año 2002, fui a exponer aquella tesis a la Dirección General de Aeronáutica Civil, puntualmente, al Comité de Estudios de Fenómenos Aéreos Anómalos (Cefaa), junto a una gran audiencia de alumnos de la propia Escuela Técnica Aeronáutica, lugar donde se albergaban acompañados de algunos miembros de la comunidad ufológica chilena. En ese momento, conocí la cara más deplorable de algunos ufólogos, en especial, algunos que no han modificado sus malas prácticas y que, por más que intentaron opacar mi modesta presentación, afortunadamente, no lo consiguieron. Terminada esa jornada y en las conversaciones de pasillo, se me acercaron varias personas a solidarizar conmigo, luego de los verdaderos pugilatos verbales con algunos adeptos a los extraterrestres. Entre ellos, de hecho, estaba Luis Altamirano, quien, con su tono de voz un tanto difuso, me señaló al oído: «No se preocupe. No tome en cuenta a estos tipos; no tienen la menor idea de lo que hablan». Esas espontáneas y muy acertadas palabras reflejaron, en esencia, no tan solo a un gran investigador, sino a una extraordinaria persona que, en el marco de una simple charla, fue muy fraterno con un recién iniciado en las prácticas informales de esta indisciplina llamada «ufología».

En el año 2008, Luis sufrió la formación de un coágulo que se depositó en su cerebro, también conocido como «trombosis», que lo dejó medianamente postrado, por lo que, una vez dado de alta y al no poder valerse por sí mismo, fue derivado a la Fundación Las Rosas, específicamente, al hogar de ancianos en la comuna de Casablanca, ubicada camino a Valparaíso, a 77 km al oeste de Santiago. En varias ocasiones visité a Luis en ese hogar, pudiendo percatarme de que se hallaba triste y, por lo visto, a pasos de un estado depresivo. En cada conversación me hizo presente que extrañaba de sobremanera repasar su material de estudio ufológico y, por supuesto, aquel pasatiempo al cual había dedicado gran parte de su vida, y que era nada más y nada menos que examinar los archivos de prensa de la Biblioteca Nacional, donde buscó por décadas todo lo relacionado con crónicas de ovnis en Chile.

Afortunadamente, parte de su material logró ser rescatado por el investigador Raúl Núñez Gálvez, quien el día 11 de octubre de aquel año 2008 recibió un poder especial firmado por el propio Luis Altamirano, con fecha 25 de octubre, expresando su voluntad de que el Instituto de Investigaciones Exobiológicas de España, filial Chile, administrara su archivo personal, custodiando, así, décadas de recopilación de material ufológico. Por su parte, el periodista y escritor Juan Guillermo Prado publicó en el año 2009 *Historia de la ufología en Chile*[1], junto con Luis Altamirano, para que, de alguna manera, el trabajo de nuestro protagonista quedara eternamente plasmado en un libro.

Con todo, Altamirano seguía incómodo, afligido y con una amargura que se le notaba al iniciar una conversación en alguna visita. Por ello, consulté en la fundación, y la única forma de que pudiese salir de ahí y volver a Santiago, a otro hogar, era por petición expresa de su familia o de un representante, el cual obviamente no tenía.

---

1   Prado, Juan-Altamirano, Luis. *Historia de la Ufología en Chile*. Ed. Alba. Valp., 2009. Pag. 115.

Sin miramiento alguno, asumí la responsabilidad de ser el apoderado de mi amigo y, una vez realizadas las gestiones, Luis fue trasladado al Hogar Nº 5 en la comuna de Ñuñoa, en Santiago. El panorama y, en general, su vida cambió de forma radical. Los amigos ufólogos lo comenzaron a visitar más seguido y también, a pesar de su carácter agnóstico, el personal del hogar, sobre todo la directora, le entregaron mucho cariño y atención, disfrutando así de la simpatía y del buen humor del Nibelungo, lo que, además, gradualmente sirvió para que todos los que convivieron con él fueran de a poco dándose cuenta del tremendo personaje que tenían en frente. De esta manera, Altamirano pasó sus últimos años dedicándose a la lectura, a la escritura de algunos apuntes y a la recepción de visitas, como también de personas que lo conocieron desde su llegada a Ñuñoa y, por supuesto, algunos amigos de la comunidad ufológica, como fue el caso de Raúl Núñez y su esposa Sandra o las visitas de Sergio Sánchez, Rodrigo Fuenzalida, Diego Zúñiga (cuando estaba en Chile), Juan Guillermo Prado y muchos otros.

En los inicios de este año 2020, Altamirano sufrió una segunda trombosis que lo dejó con nuevas complicaciones en su salud, las cuales se agravaron con el contagio del virus COVID-19 en el mes de junio. Por esa fortaleza física y, en especial, psicológica, enigmática como un auténtico genio, Luis siguió peleando «contra viento y marea», pero ya a fines del mes de agosto se le derivó nuevamente al Hospital del Salvador por una neumonía, la que no pudo superar, dejando de existir el día 8 de septiembre a las 23.35 horas.

Gracias a la generosidad de mi madre, Nilda Garrido Gómez, decidimos dejar a Luis en nuestra bóveda familiar junto a mis abuelos, mis tíos y mi padre en el Cementerio Metropolitano de Santiago, de tal forma que sus restos descansen en paz y puedan seguir recibiendo las visitas de sus amigos, sus seguidores y admiradores de su trabajo e interesados en la ufología chilena.

Ni se imaginan lo feliz que soy al saber que Luis está junto a mis seres queridos y parte de mis ancestros, quienes siguen, de alguna manera, iluminando mi camino por este mundo. Me reconforta saber que los restos de mi amigo Nibelungo, una leyenda de la ufología chilena, estén en compañía de quienes me formaron como persona. Por lo mismo, era necesario hacer este libro, el cual pretende dejar plasmado quién fue Luis Altamirano Cañoles y qué hizo por cada uno de los que han investigado ovnis y seguirán haciéndolo en el futuro, ya que, si hay algo de lo que tenemos conciencia, es que este fenómeno está, estuvo y estará por siempre con nosotros, tal cual es y será la herencia del querido y recordado Nibelungo.

I
EL INVESTIGADOR NACE, NO SE HACE

Los nibelungos son unos legendarios personajes germanos y herederos de la mitología celta. Los famosos y siempre mencionados celtas tienen una data aproximada de 4.000 años, expandiéndose desde la zona sur de Alemania y, luego, en gran parte de Europa hasta el siglo I a. C., cuando comenzaron a ser disgregados al no poder construir un estado unificado. Por ello, el imperio romano terminó por vencerlos, quedando entonces los también llamados «bárbaros» nuevamente relegados a sus primitivos territorios.

De los germanos o bárbaros casi no existen registros escritos, salvo lo redactado por los romanos, que, al no poder vencer a las tribus netamente guerreras, pero culturalmente inferiores, pactaron acuerdos, dejándolos como federados en provincias que no les despertaron un mayor interés como invasores, estableciéndose, de esa forma, variadas culturas a lo largo de los ríos Danubio y Rin.

Con la clara influencia del cristianismo en estos herederos celtas y culminada la época del auge romano, se inició en el medievo la restauración de antiguas leyendas, donde se revelaba su dilatada riqueza mística y, sobre todo, mágica. De esta forma, y dentro de los mitos germanos, se puede explicar que los nibelungos eran unos enanos que habitaban en las profundidades de la tierra y que dedicaban su vida a la extracción de metales, los cuales acumulaban en el fondo del río Rin. También, el rey de los nibelungos poseía un anillo adornado con piedras preciosas que, además, tenía poderes y propiedades mágicas, pero, al mismo tiempo, le traían una serie de desgracias a su portador.

A medida que algún cronista o estudioso del pensamiento esotérico hiciera renacer esta narración mitológica, se agregaban personajes o modificaban algunos nombres y acontecimientos. Así quedó demostrado cuando el poema épico *El cantar de los nibelungos* del siglo XII fue transformado por el escritor Williams Morris en el año 1876, con su obra literaria *Sigurd the Volsung*; o también lo que sucedió previamente con la célebre ópera del compositor Richard Wagner, *El anillo del nibelungo*, escrita entre 1848 y 1874. Si a esto le sumamos la inspiración que aquella leyenda proporcionó a otros autores, como es el caso de *El señor de los anillos*, escrita en 1954 por John Ronald Reuel (J. R. R.) Tolkien, y que hemos disfrutado con la trilogía cinematográfica estrenada a partir del año 2001, la luminaria mitológica que los nibelungos han despertado desde sus orígenes y hasta nuestros días es sencillamente extraordinaria.

Es de esta manera como se apodó, con mucho cariño y hace décadas, por cierto, a nuestro querido amigo Luis Altamirano como «el Nibelungo». Quizá se enlazaron coincidencias tan obvias como su apariencia física, ya que era un hombre de baja estatura, muy delgado, al menos cuando joven y como se aprecia en fotos, con una personalidad introvertida y reservada, salvo que estuviese en plena confianza. Sumado a todo ello, que, en los casi 63 años de estudios e investigaciones de ovnis, siempre en el más absoluto aislamiento, permitieron que fuese un depositario y custodio de los mayores secretos de este indescifrable y apasionante fenómeno. Esta, lo más probable, sea la razón de que, dentro de los apodos colocados diariamente a decenas de personas en Chile, «el Nibelungo» sea uno de los seudónimos que se justifique y con creces.

Luis Bernardo Altamirano Cañoles nació el día miércoles 13 de septiembre del año 1944 en la hermosa ciudad de Valdivia. De su familia, me refiero a sus padres o hermanos, se sabe muy poco; en realidad, lo que fugazmente el mismo Altamirano comentó un par de veces, ya que, como es sabido, tempranamente se trasladó y vivió su niñez en la ciudad de Osorno, desde donde viajó a Santiago a radicarse cuando cumplió 21 años, su mayoría de edad, en el año 1965.

Como un antecedente no menor, Altamirano asistió a la Escuela Agrícola de Osorno y con sexto año de humanidades obtuvo el título de técnico, que en esa época se le daba a los que egresaban del actual cuarto año de Enseñanza Media. Esta información está escrita en el libro *Historia de la ufología* y la proporcionó su coautor Juan Guillermo Prado. A su vez, otro investigador, el chileno-español Raúl Núñez Gálvez, mencionó que, en una conversación, Luis le comentó que se había inscrito para dar la Prueba de aptitud académica (PAA) en la década del ochenta, rindiéndola con un buen puntaje. Dicha prueba, hasta hace unos años, permitía que los jóvenes que egresaban del colegio accedieran a la educación superior, según el puntaje que obtuviesen. Dicha información demostraría que el Nibelungo siempre tuvo en mente estudiar o quizá alcanzar un conocimiento mayor, aspecto que, por las diferentes circunstancias de la vida, no alcanzó a conseguir formalmente, pero sí de manera autodidacta con sus propias lecturas.

Otro aspecto que Altamirano comentó en una entrevista realizada para la extinta publicación española *Cuadernos de Ufología*[2], es que a fines de la década de los cincuenta fue lanzado el primer cohe-

---

2   CDU N°28, 3° Época, año 2002, España. Pag.116.

te del programa espacial soviético Sputnik, que, tal cual es su traducción, corresponde a una serie de satélites artificiales que la antigua Unión Soviética proyectó para establecer la red de comunicaciones desde la órbita de la Tierra. El Sputnik 1 fue lanzado al espacio desde Baikanur, al sur de Rusia, el día 4 de octubre del año 1957 y, para nuestro amigo Nibelungo, en ese entonces un niño de 13 años, fue un espectáculo que marcaría el resto de su existencia, ya que desde la escuela básica de Osorno, junto a sus compañeros y amigos, disfrutaron de la hazaña que daba inicio a la denominada «carrera espacial» y, por ende, un conciso aumento del interés masivo por otro tema que también estaba en pleno desarrollo: nos referimos a los ovnis. Paralelamente, en otra entrevista[3] a nuestro querido personaje y realizada por el ya mencionado investigador Raúl Núñez Gálvez, pero esta vez publicada en la página del IIEE Chile (Instituto de investigaciones exobiológicas de España), Altamirano comentó que su asombro fue máximo cuando, unas semanas después del primer lanzamiento, la URSS puso en órbita el Sputnik 2, el día 3 de noviembre de 1957, con la famosa perra Laika como pasajera, siendo este animal el primer ser vivo que orbitó nuestro planeta y que, además, desgraciadamente murió por un sobre-

---

3   https://www.iiee.cl/e_entrevistas_riquelme_altamirano.html.

calentamiento de la plataforma horas después de iniciar su vuelo por sobre nuestra atmósfera, como fue después reconocido por Rusia en el año 2002. Lo que más sorprendió al Nibelungo fue observar en el firmamento el paso del satélite cuando volaba sobre nuestro territorio, precisamente, por arriba de la tranquila ciudad de Osorno. Esta legítima consagración de la ciencia despertó las más profundas inquietudes existenciales de nuestro protagonista, ya que a esa temprana edad comenzaría el cuestionamiento de diversos sucesos, pero, en especial, de aquellos enigmas sin explicación racional y que, desde el momento de conocerlos, acompañaron y dieron sentido prácticamente a toda su vida.

Con aquel retraído temperamento, Altamirano llegó a Santiago en 1965, para radicarse y establecerse en la capital de Chile hasta su muerte.

En la antes mencionada entrevista del IIEE, se le describe como un auténtico genio incomprendido, ya que en varias ocasiones no fue considerado por algunos investigadores de mayor exposición mediática, detalle que nunca perturbó en lo más mínimo al Nibelungo.

Como muchas personas de esa época, el inicio de la era espacial despertó otras múltiples dudas que derivaron en el interés por los objetos voladores no identificados, y Altamirano no fue la excepción. La era moderna de los ovnis había comenzado una década antes que lanzaran el proyecto Sputnik, cuando el piloto civil Kenneth Arnold reportó la observación de nueve objetos voladores que se desplazaban de manera un tanto errática en las proximidades del monte Rainier, Estado de Washington, al norte de Estados Unidos, el día 24 de junio de 1947. La prensa interpretó la descripción de Arnold incorrectamente, ya que el movimiento de los objetos vistos por el piloto fue descrito asimilando el salto que un plato realiza al ser lanzado en paralelo sobre una superficie de agua. Es por ello que a los aparatos descritos se les calificó simplemente como *flying saucers* («platos voladores»). El origen de estos objetos es un conflicto aparte, sin embargo, la importancia que se les brindó queda de manifiesto en los proyectos de investigación que se desarrollaron desde el mismo año, sumados al sinfín de publicaciones diseminadas por todo el mundo, pero destacando en el país cuna de este tema: los Estados Unidos de Norteamérica.

La denominación *flying saucers* comenzó a ser incómoda para el análisis de las manifestaciones desde una perspectiva interdisciplinaria equivalente a la ciencia, o más bien objetiva, ya que desde el año 1950, y gracias al libro *The Flying Saucer are Real* (*Los platos voladores son reales*), del mayor (R) de las USMC, Donald Keyhoe, los platillos voladores fueron prácticamente unificados con la hipótesis extraterrestre, una de las tantas explicaciones supuestas para el fenómeno. Por este motivo, en el año 1953, desarrollando el conocido «Proyecto libro azul», realizado por la Fuerza Aérea de Estados Unidos (USAF), el capitán Eduard J. Ruppelt introduce la sigla UFO, acrónimo de *Unidientifed Flying Object* («objeto volador no identificado»), que hoy utilizamos a modo de «ovni». La demarcación que realizó Ruppelt con la sigla UFO pretendía distanciarse de la hipótesis extraterrestre, ya que desde el año 1952 comenzó una nueva forma de estudio de este fenómeno a través de las experiencias de personas que señalaban estar en contacto directo con seres inteligentes de otros mundos, también llamados «contactados». Dicho movimiento fue inaugurado, precisamente, por el ufólogo George Adamski.

Este era el escenario ufológico cuando nuestro amigo Altamirano comenzó las primeras incursiones en sus estudios, siendo la causa inmediata o aparente el paso por nuestros cielos del satélite que llevaba en su interior a la perra Laika. Sin embargo, de todas maneras, la causa lejana o real de la irrupción del Nibelungo en los temas enigmáticos fue su propia curiosidad e intelecto que lo llevó a profundizar áreas del conocimiento un tanto extrañas o que siempre han estado rodeadas de un halo de misterio, siendo un desafío para la ciencia y todos aquellos que anhelamos ir más allá del umbral.

Tal como dejó plasmado en su libro *Historia de la ufología*[4], Altamirano, una vez establecido en Santiago, prosiguió con sus investigaciones y continuó recopilando antecedentes históricos de la prensa, pero ya en las ligas mayores.

En el Archivo Nacional, ubicado a un costado de la Biblioteca Nacional, el Nibelungo encontró información periodística chilena sobre ovnis desde mucho antes del año 1947, cuando esencialmente nace la famosa era moderna de los ovnis. Noticias de Copiapó del año 1868 o de Valdivia en 1886 otorgan sustento a que las manifestaciones anómalas estuvieron ya presentes en los cielos chilenos mucho antes del año 1947, quedando plasmadas en nuestra historia. Ahora bien, ya iniciada la era moderna de los ovnis, la masificación de los avistamientos no es algo que sea casual o que se pueda asociar a una suerte de psicosis colectiva únicamente por la difusión del caso Arnold, si muy bien sabemos, por las fuentes abiertas de información, que esa noticia no

---

4   Ibid. Pag 16.

tuvo una connotación más relevante hasta después de un año, cuando, en 1948, se publica la primera edición de la revista *Fate* con ese caso en su portada. Por eso, llama la atención que las noticias de observaciones de objetos o fenómenos anómalos en Chile fueran de contundencia inusitada en los meses siguientes al año 1947. Reportes de Algarrobo, Santiago, Valdivia o Temuco, por ejemplo, dejaron en claro que un mito como el de los ovnis, en ese tiempo «platos voladores», hiciera eco en los medios de comunicación social de la época, el diario y obviamente la radio.

La pasión que despierta el tema de los ovnis, sumado al interés transversal que acarrea consigo, permiten, desde 1947, una vez asociado el concepto ovni con la hipótesis extraterrestre, que los medios de comunicación social utilicen el asunto como una verdadera plataforma comercial y excusa para llenar espacios de televisión o páginas de diarios. Si, además, le añadimos la gran cantidad de información que los investigadores están difundiendo permanentemente, el interés masivo por los ovnis y la supuesta verdad que hay detrás de ellos, remueve grupos sociales completos. Es por esto que al leer entrevistas o conversaciones de Altamirano acerca de su perspectiva sobre los ovnis jamás negó la existencia de un fenómeno real. Su problema, como el de muchos, estaba al momento de buscar respuestas o las causas de los avistamientos. Esa duda casi existencial lo llevaría a una verdadera obsesión por nutrirse de nuevos conocimientos y seguir eternamente con la búsqueda de la anhelada verdad.

31

II
LA OBSESIÓN POR EL SABER

En el año 1965, al dejar la ciudad de Osorno para radicarse en Santiago, Luis Altamirano comenzó su profundización dentro de la temática ovni y, en especial, su incansable búsqueda de la mayor cantidad de antecedentes que la prensa local pudiese otorgarle, tal vez, para saciar ese anhelo de conocimiento en uno de los fenómenos más desafiantes para el intelecto humano, precisamente, a un intelectual que habitaba en la absoluta clandestinidad.

Fiel visitante de la Biblioteca Nacional, el Nibelungo utilizaba vastos periodos de su tiempo libre husmeando los periódicos de cada una de las ciudades de nuestro país, lo que le permitió acceder a publicaciones prácticamente desconocidas que incluían los primeros diarios impresos en el territorio.

«Santiago es Chile». Ese centralismo no ha cambiado en absoluto, y en la capital la actividad ufológica ya tenía sus primeros pasos a fines de la década de los cincuenta, dentro de los cuales se descubren importantes hitos que marcaron el inicio del estudio de los ovnis junto a sus singulares protagonistas: los pioneros en la investigación ufológica nacional. Este es un importante punto que siempre ha estado paralelo a los avistamientos, confirmando la marcada diferencia entre los registros, por un lado, y la indagación que sigue haciéndose del asunto, por el otro, ya que ambas cosas son disímiles, aunque traten un mismo fenómeno. Suele confundirse la ufología (ovnilogía) con los UFO (ovnis), producto de que, históricamente, el estudio de los no identificados comienza con la denominada «era moderna» en el año 1947; en cambio, el registro de observaciones de anomalías aéreas está presente en la historia del hombre desde los inicios de la escritura. Por ello, para examinar desde afuera el tópico de los no identificados se sugiere hacerlo siempre con la convenida disociación de lo que se observa separado de quienes lo estudian. Ahora bien, desde que el ser humano miró el cielo y comenzó a utilizar la razón, recíprocamente no dejó tranquila su conciencia frente a la majestuosidad que tenía al frente, escudriñando la manera de entender el funcionamiento del mundo y, especialmente, del universo. De ahí que comenzó la interesante y dilatada recolección histórica de múltiples datos, desencadenando así lo que hoy podemos disfrutar como «el conocimiento».

No hay duda de que la sola acumulación de observaciones de anomalías aéreas no es suficiente para socorrer las hipótesis con las cuales se intentan explicar, ya que, si a esto le sumamos la carencia de una adecuada metodología de investigación para dichos avistamientos, el resultado está a la vista en lo que hoy tenemos desde su origen: una perturbada pseudociencia llamada «ufología».

Parece muy lapidario el extracto que argumenta la desordenada composición del estudio de los antiguos platos voladores, pero si repasamos los casi 80 años desde el inicio de la era moderna, nos podemos dar cuenta de que todo, absolutamente todo, sigue tal cual como se inició. Posiblemente, lo único en progresar fue la notoria separación de las creencias con las evidencias, ya que hoy especular de forma abierta hace perder cierta credibilidad a los ufólogos, lo que genera una instantánea separación y clasificación entre ellos mismos, porque, para ser sincero, al público interesado en ovnis les importa muy poco la postura de los investigadores.

La atmósfera ufológica global no ha variado mucho, por decir, prácticamente nada desde el año 1947. Esto tan solo por la complejidad del fenómeno en cuestión o, más bien dicho, porque ni siquiera sabemos de qué se tratan las manifestaciones que se denuncian o sencillamente no conocemos qué es lo que intentamos estudiar. Sin embargo, las referencias que existen son algunos registros escritos de lo que podríamos llamar «los principios de la investigación mundial», y, en nuestro caso, los primeros pasos de la ufología chilena, donde el Nibelungo ya estaba en pleno ejercicio de sus quehaceres como un compilador de casuística.

En el artículo mencionado de *Cuadernos de Ufología*[5], posterior a los comentarios que nuestro protagonista hace sobre los primeros grupos o personas que se reunieron para investigar ovnis y que veremos posteriormente, Luis Altamirano hace referencia a un caso que considera el más importante dentro de la historia de la ufología chilena y es, posiblemente, una de las observaciones de mayor contundencia a nivel global. Los hechos ocurren los días 8 y 9 de enero de 1956, teniendo como protagonistas a cuatro integrantes de un equipo de exploración, compuestos por los científicos Jorge Moder Jorquera y Celestino Castro, junto con el asistente Alfredo Baéz y el sargento 1º de la Armada, Héctor Juan Adofacci. Todos los detalles del avistamiento se encuentran muy bien relatados en el libro *Los ovnis de la Antártida*[6], del investigador argentino Rubén «Gurú» Morales, a tal punto que dicho autor hace una corrección muy valiosa, incluso a los

---

5   CDU Nº28, Ídem.

6   Morales, Rubén. *Los ovnis de la Antártida*. Ed. Argentinidad, Buenos Aires, 2018. Pag. 263-271.

textos originales que dieron a conocer este caso, ya que, en un boletín de la agrupación UFO Chile del mes de octubre del año 1967, el lugar donde sucede el avistamiento es mencionado como «isla Robertson», siendo el nombre correcto «isla Roberts». Esta imprecisión de nombre se mantuvo por décadas en variadas publicaciones que subsiguientemente mencionaron este reporte, hasta que fue corregida por Morales, que, para la documentación de su libro, accedió a las fuentes primarias, junto con los relatos de los cuatro expedicionarios y la documentación oficial que dejaron luego de su travesía. Ajeno a este pequeño pero considerable detalle, el Nibelungo siempre señaló que, para su visión de este fenómeno, el caso de isla Roberts del año 1956 era el más importante a nivel nacional y global dentro de los muchos que había indagado. Esto es independiente de que, para ese reporte, se contó exclusivamente con los testimonios de los cuatro protagonistas, sumado a los informes escritos que ellos dejaron.

Altamirano, con su agudeza mental, señalaba siempre, y me consta haberlo conversado con él, que este reporte de la Antártica tenía un sello especial por dos grandes razones. La primera, como en pocos casos, era la calidad y fiabilidad de los testigos, lo cual no está en duda, pese a que las evidencias fotográficas que tenían extrañamente desaparecieron. Pero la más atrayente, que demostraba su extendida visión del fenómeno, es que substancialmente en esos años se preparaba lo que se denominó como el «Año Geofísico Internacional» (AGI), desarrollado entre julio de 1957 y diciembre de 1958. El libro *Chilenos en la Antártica* [7] no tan solo corrobora el AGI, sino que añade componentes que van de la mano con una serie de avistamientos en el continente helado, que, además, se encuentran muy bien documentados en parte de la literatura ufológica.

El Nibelungo siempre hizo presente en sus conversaciones los reportes de ovnis del Polo Sur porque, según sus apreciaciones de los casos, las superpotencias sostenían dos carreras paralelas, siendo una de ellas la carrera por el dominio antártico al unísono con la carrera espacial. En el libro de la Dra. Consuelo León Woppke y Eduardo Villalón se señala: «En el contexto internacional, el verano austral de 1956 continuaba siendo complejo, ya que los países con intereses antárticos aprovechaban la oportunidad que les brindaba el próximo AGI para avanzar en sus pretensiones antárticas[8]». Así, aunque el AGI se realizaría entre julio de 1957 y diciembre de 1958, ya a inicios del año anterior, es decir, 1956, Estados

---

7   Leon Wöppke, Coonsuelo-Villalón Rojas, Eduardo. *Chilenos en la Antártica (Base O´Higgins, 1948-1958)* Ed. LW, IGM, Santiago, 2017.

8   *Chilenos en la Antártica (Base O´Higgins, 1948-1958)* Ídem, pag 205

Unidos y la Unión Soviética estaban instalándose en el continente antártico. Este aceleramiento se había generado posconferencia de París de 1955, durante la cual cada país había definido sus intereses en la Antártica, que fue el punto de partida para una verdadera carrera por ocupar y construir bases.

En la adelantada perspectiva que Altamirano mantenía acerca del fenómeno aéreo anómalo, siempre planteó que existía un origen muy preciso para entender la era moderna de los ovnis, y esa génesis, para el Nibelungo, era la de nominada «Guerra Fría». Este conflicto, en su interior, posee dos cuestiones sumamente delicadas que coinciden con un importante número de reportes de ovnis desde el año 1947 hasta fines de la década del sesenta. Estos son la «carrera espacial» y la denominada «carrera Antártica». Esta última, una crisis escondida o más bien desconocida por el resto del mundo.

La Guerra Fría fue un conflicto político y militar entre los dos bloques predominantes luego de la Segunda Guerra Mundial. Uno, liderado por Estados Unidos de Norteamérica, sumado a una gran cantidad de países de occidente, custodios del llamado «capitalismo» como modelo económico y social. El otro bloque era liderado por la Unión de Repúblicas Socialistas Soviéticas, junto con otros países de oriente defensores del llamado «modelo comunista». Si bien nunca hubo una confrontación militar directa entre ambas superpotencias, las beligerancias armadas se hicieron de forma subterránea, esgrimiendo otros países como auténticos laboratorios de prueba para tácticas de combate y experimentación de armamento de destrucción masiva. En el marco de este conflicto ideológico y económico desarrollado entre los años 1947 y 1991, se desplegó una competencia tecnológica sin precedentes en la carrera espacial y carrera Antártica. Coincidentemente, en estos dos pugilatos entre ambas superpotencias es cuando nace la era moderna de los ovnis y, además, se encuentra registrada una serie de importantes avistamientos que, al analizarlos, hacen pensar la abierta posibilidad de que tanto Estados Unidos como la antigua URSS estuvieran detrás de aquellos fenómenos anómalos o, peor aún, tenían conocimiento de cierta información a la que, hasta hoy, no hemos podido acceder.

El libro *La agenda secreta*[9], del periodista uruguayo Milton Hourcade, propone una hipótesis muy interesante para la gran mayoría de los casos ovni entre 1947 y 1952, platos voladores que se observaron en Estados Unidos y en Europa, inme-

---

9   *Hourcade Milton, OVNIs la Agenda Secreta. Ed. Fundacion Anomalía. Madrid 2006.*

diatamente culminada la Segunda Guerra Mundial. Esas oleadas, por darle un nombre ufológico, según Hourcade, formarían parte de programas experimentales dentro de una serie de proyectos tecnológicos militares con un origen en ambas superpotencias, pero principalmente en el territorio de Estados Unidos. Dicha información se ratifica con algunos antecedentes entregados por Annie Jacobsen en su libro Área 51[10], donde profundiza una serie de proyectos como, por ejemplo, el *High Dive* del año 1950; el *Man High* de 1955; el conocido *Excelsior* entre los años 1959 y 1960; o el también considerado Stargate en los 70. Estos programas fueron desarrollados en paralelo con ensayos de aeronaves ultrasecretas, como los prototipos XB-35, YB-49 o XB-45 y que, posteriormente, a partir del año 1964, dieron paso a modelos tan sofisticados como el reputado avión *Blackbird* SR-71. Cabe destacar que todos estos programas de ciencias aplicadas se crearon y perfeccionaron sin el conocimiento de la población norteamericana y mundial, lo que multiplicó las denuncias de avistamientos de ovnis, que obviamente, correspondían a la llamada «tecnología furtiva» que surcó los cielos intempestivamente por varias décadas y en plena Guerra Fría.

---

10 Jacobsen, Annie. ÁREA 51, La historia definitiva de la base militar más secreta de América. Ed. Planeta, EE. UU. 2017.

Ahora bien, lo que señalan los libros Área 51 y *La agenda secreta* no es algo nuevo, ya que el mismo Donald Keyhoe, investigador y escritor que, en el año 1950, unificó los platos voladores con los extraterrestres, se demoraría tan solo cinco años en darse cuenta de que detrás del fenómeno aéreo no identificado existía un halo de misterio e intriga ligado a las propias autoridades norteamericanas en lo que se conoce como la «teoría de la conspiración». Esas opiniones ya estaban en la mente de Keyhoe, pero las hizo públicas en el año 1955 en su libro *The Flying Saucer Conspiracy*[11] (*La conspiración de los platos voladores*).

El Nibelungo, en su postura evidentemente objetiva sobre la cuestión ovni, siempre sostuvo una realidad física del fenómeno, pero con un gran condimento humano en cuanto a la interpretación de las observaciones y que, además, gran parte de las manifestaciones poseían un componente tecnológico furtivo heredado de la Guerra Fría. Sin embargo, Altamirano también aludía que el porcentaje mínimo de los casos que no posee una explicación satisfactoria, considerando que, en estudios oficiales, corresponde a un 3 % como máximo, eran la razón de ser que existiese un interés en el tema y,

---

11 Keyhoe, Donald. *The Flying Saucer Conspiracy*. Editorial Holt. EE. UU, 1955.

esencialmente, que nuestro protagonista no cesara de indagar con tal de obtener las respuestas definitivas para estas incógnitas. Si consideramos que 1957 es el año cuando Altamirano se interesa por los ovnis, el escenario anteriormente descrito era el que se diseminaba en todo el mundo, incluyendo Chile.

Una vez en Santiago, y al iniciar sus sondeos en el Archivo Nacional, el Nibelungo paralelamente comenzó a enlazarse con los investigadores que, en esa época, daban nacimiento a la ufología de nuestro país, teniendo en cuenta que gran parte de la información, por no decir la totalidad, procedía de Estados Unidos, donde existían dos organizaciones con una potente difusión internacional de todas sus actividades: la Nicap[12] y la APRO[13].

En nuestro país, según un boletín que data de agosto del año 1967, firmado por el escritor chileno Hugo Correa, la agrupación UFO Chile nace a partir del año 1959 cuando se reunieron Jorge Mas, el propio Correa y Miguel Arteche, anfitrión y dueño de casa. Como rotula el documento, UFO Chile sería entonces la primera agrupación de inves-

---

12 Nicap: *National Investigations Committee on Aerial Phenomena* (Comité Nacional de Investigación de Fenómenos Aéreos, creada en 1956 por Donald Keyhoe y Tomas T. Brown).

13 APRO: *Aerial Phenomena Reserch Organization* (Organización de Estudio de Fenómenos Aéreos), entidad fundada por el matrimonio Jim y Coral Lorenzen.

tigadores constituida en nuestro país, pero, en ese mismo suplemento, se deja en claro que no existían estatutos escritos o un plan de trabajo, siendo improvisadas sus primeras reuniones para escuchar algunas experiencias. El psicólogo chileno (Psy. D.) Francisco Pizarro Obaid, en una publicación[14] realizada en 2019, describe la pasión por los ovnis del fundador de UFO Chile, Hugo Correa, junto con su convencimiento de la explicación extraterrestre para el fenómeno en estudio y cómo dicha creencia fue sustancial para sus escritos, porque no olvidemos que Correa es considerado uno de los padres de la ciencia ficción en el género literario chileno.

Pues bien, retomando el boletín, este documento fue emitido en el año 1967, ocho años después de la supuesta creación de UFO Chile, dando apertura a un ciclo de publicaciones que esta agrupación expuso con la difusión y análisis de múltiples casos contemporáneos en nuestro territorio. En ese contexto, Luis Altamirano conoció el trabajo de Pablo Petrowitsch, integrante de UFO Chile y creador del primer catálogo de avistamientos en nuestro país, por lo que es considerado también como uno de los precursores de la ufología nacional, al igual que

---

14 Pizarro Obaid, Francisco. *Ovnis y Extraterrestres en la Ciencia Ficción de Hugo Correa: Problema Teórico y Recurso Literario.* https://go.gale.com/ps/anonymous.

el mencionado Hugo Correa. Al consultarle a don Pablo por el Nibelungo, el comentó textual:

«No recuerdo haber tenido el gusto de haber conocido personalmente a Altamirano, pero sí supe mucho de él en una visita a la casa de Raúl Núñez, donde este guardaba el legado de Altamirano, muchos libros, un baúl lleno de recortes, etc.».

El Nibelungo tenía muy presente a esta agrupación de investigadores y seguía sus actividades y publicaciones, quedando reflejado en el libro *Historia de la ufología en Chile*[15], texto que es la base de posteriores ensayos sobre los orígenes de la investigación ovni en nuestro territorio, detallando ahí también que al grupo UFO Chile, posteriormente, se sumaron Manuel Sáenz y Willy Wolf, autores de uno de los primeros y más importantes libros de ufología chilena, *Los sin nombre*[16]. Si bien los ovnis eran la prioridad de los estudios de esta agrupación, comprensiblemente entrelazada con la hipótesis extraterrestre por las creencias de uno de sus fundadores, el escenario global no tenía otras alternativas, ya que, hasta ese entonces, la única forma de ilustrarse acerca de los supuestos tripulantes de las naves, mancomunado a los reportes de avista-

---

15 Ibid. Pag 16.

16 Sáenz, Manuel-Wolf, Willy. *Los Sin Nombre*. Editorial Orbe, Santiago. 1967.

mientos, era mediante el análisis del llamado «contactismo». No obstante, la ufología complementó sus estudios de los aparentes seres, luego de que el año 1966 se masificara el caso de Betty y Barney Hill, haciendo pública una conjeturada abducción extraterrestre, considerada por muchos la primera, siendo eso un error, ya que hubo un aparente secuestro inaugural, pero en el año 1957, puntualmente, en Brasil con el granjero llamado Vilas Boas. El resultado es que ambas abducciones, consideradas como las canónicas, trasladaron el ambiente ufológico a una paradójica combinación de temas subsidiarios, complementando la observación de objetos voladores en los cielos de todo el mundo con la interacción de sus tripulantes con seres humanos.

En el mismo inaugural boletín de UFO Chile queda en evidencia una relevante información, pero que, incomprensiblemente, no fue una noticia que convulsionara el escenario ufológico criollo del momento y tampoco un acontecimiento muy recordado por las generaciones posteriores de ufólogos: me refiero a la visita a nuestro país de los investigadores norteamericanos Jim y Coral Lorenzen en el año 1967. El matrimonio Lorenzen, fundadores de la ya mencionada APRO, son de una importancia fundamental en la ufología del mundo, pero principalmente en Estados Unidos, ya que sus investigaciones estaban muy ligadas al fenómeno de las abducciones. De hecho, el concepto de «secuestro» lo introducen ellos en el libro *Abducted*[17] el año 1977, dejando el camino pavimentado para que se provocara la separación de las abducciones con el contactismo, lo que también distanciaba al tipo de seres extraterrestres que figuradamente nos visitaban, clasificándolos entre alienígenas «buenos» y «malos». Lo singular es que, pese a la visita de estos pioneros en la temática de los raptos extraterrestres, ni en esa época ni posteriormente esa área de la ufología enganchó mayormente en Chile, lugar donde prevaleció la investigación de objetos aéreos no identificados.

Con la base de datos creada por Pablo Petrowitsch, la referencia de la agrupación UFO Chile y el incipiente entusiasmo de investigadores nacionales, en el año 1977 se crea CIO (Centro de investigaciones de ovnis). En ese grupo, participaría ya con un real protagonismo Luis Altamirano en compañía de Hugo Pacheco, Luis Riquelme, Aquiles Castillo y Alberto Montenegro. Si bien el Nibelungo colaboró en todas las actividades que este grupo realizaba, incluyendo la contribución al destacado

---

17 Lorenzen, Coral & Jim. *Abducted. Confrontations with beings from outer space*. Ed. Berkeley, EE. UU. 1977.

locutor radial Patricio Varela[18], sus estudios independientes seguían de manera ermitaña en el Archivo Nacional. Como todos los grupos ufológicos chilenos, y como en gran parte del mundo, su tiempo de duración y actividad era muy variable, ya que dependían del entusiasmo de sus integrantes y que, además, tuvieran buenos reportes. Las diferencias de opinión, las inconsistencias de los casos, pero, de forma específica, la falta de recursos, ya que la ufología es una actividad aficionada e informal, obligaron el cierre de diversas agrupaciones, donde, además, las personas afines a la temática iban generando comunidades nuevas o sencillamente pululaban entre una asociación u otra.

Altamirano visitaba de manera esporádica diferentes grupos o reuniones de personas que hablaran de ovnis. A cada uno de ellos siempre les aportó con alguna fotocopia o recorte de noticias que fueran de interés y que complementaran ciertos casos del momento. De esa manera, participó de forma intermitente en la agrupación Orion Chile, creada por el investigador Luis Riquelme; el colectivo Ovni Chile, fundado por Aquiles Castillo en la década de los noventa; como también aportando información

---

18   Patricio Varela Silva: periodista y locutor radial chileno, inauguró las emisiones de misterios en Radio Portales, con el programa *Saludando la Noche* y su sección Mundo Espacial desde el año 1968 a 1996, y *Saludando a las Estrellas* desde el año 2000 hasta el 2007.

a la agrupación AION, del investigador y su gran amigo Rodrigo Fuenzalida Herrera.

Junto con su libro *Historia de la ufología en Chile*, el aporte del Nibelungo quedó impreso en parte del material escrito que en nuestro país circuló desde el año 1967. Por ejemplo, algunas contribuciones de Altamirano están plasmadas en el boletín *Agnikio* entre los años 1981 y 1982, del investigador Hugo Pacheco; de la misma manera, en el suplemento *Fenómeno Ovni* de Luis Riquelme y Aquiles Castillo entre los años 1993 y 1994; como también en el boletín *Ovnivisión*, que luego se transformaría en revista entre los años 1994 y 1996, escrito por Cristian Riffo y Jaime Tamayo. Así mismo, cooperó con otros ufólogos que publicarían artículos en los periódicos *Las Últimas Noticias*, *La Tercera* y *El Mercurio*. Todos, con la impronta y valioso soporte de nuestro Nibelungo.

Cuando analizamos el pensamiento de Luis Altamirano, destaca su configuración y enfoque de la ufología, el que evidentemente era bastante crítico, pero, más que a la pseudociencia en sí, su crítica estaba orientada a los propios investigadores. Sus palabras directas fueron:

«A pesar de la gran cantidad de información que periódicamente aparece en la prensa sobre el tema, con el tiempo, pude darme cuenta de que solo nos hemos quedado con la descripción del fenómeno sin saber qué realmente ha ocurrido y cuáles han sido las causas de los avistamientos. La duda existe, pues la posición de la mayoría de los ufólogos chilenos ha sido acientífica. No tienen formación académica y se han confiado en los relatos de testigos que muchas veces, para hacer más creíble el supuesto avistamiento, han agregado elementos de su delirante imaginación.

Actualmente, la irrupción masiva de internet y la televisión por cable nos han modificado nuestra manera de pensar y durante años nos han «transculturizado» con elementos propios de la cultura norteamericana. Afortunadamente, he tenido la oportunidad de recurrir a publicaciones de otras latitudes que han mostrado una realidad distinta a la de Estados Unidos.

Hay mucho entusiasmo, sin embargo, no existen estudios serios por la falta de conocimientos y escasez de fondos. Además, la ufología no es una ciencia, pide elementos prestados a la ciencia oficial y a la tecnología para expresarse».

Seguramente, estos puntos de vista tan sagaces sobre el estudio que se le brinda a los ovnis fueron la consecuencia de años empapándose de las noticias, reportajes, conferencias, casos y todo lo que guarda relación con la ufología.

No es de extrañar que, en una entrevista[19] publicada en el boletín *La Nave de los Locos*, Altamirano señaló que su libro favorito de este tema era *Lo imaginario en el contacto ovni*[20], escrito en el año 1999 por Dennis Stillings, el cual compiló 13 capítulos, donde ocho de ellos están redactados por investigadores de bastante prestigio y con visiones muy distintas entre sí, pero asociados por el componente crítico hacia el fenómeno que se observa y, por supuesto, a quienes intentan continuamente estudiarlo.

Autores del calibre de Martin Kottmeyer, con su agudeza intelectual al servicio del escepticismo, o el mismo Michael A. Persinger, autor del reconocido *Casco de Dios*, hacen que este libro sea una pieza fundamental para la ufología crítica y, en general, para toda persona que se interese por los no identificados, ya que los temas tratados son atemporales al fenómeno desde el mismo año 1947, con la elegancia con la que se profundizan materias inheren-

---

19 La Nave de los Locos N°21/22, marzo 2003. Chile. Pag. 72.

20 Stillings, Dennis. *Lo imaginario en el contacto ovni*. Pañalara, Madrid. 1990.

tes, como son las abducciones, que, por ejemplo, son adelantadas al estallido de los aparentes secuestros extraterrestres que se dieron y publicitaron en los noventa hasta mediados de la década siguiente.

Lo más interesante de todo es que, pese a esta perspectiva tan aprensiva del Nibelungo para con la ufología, su opinión nunca estuvo alejada de un convencimiento sobre la realidad física del fenómeno. Es más, siempre señaló que no era escéptico y que manifestaciones aleatorias eran observadas y registradas por algunos individuos, incluyéndolo como testigo de luces en el lago Llanquihue. Por lo tanto, hablamos de una persona que sabía en profundidad sobre la teoría de la cuestión ovni, pero, además, fue espectador de las mismas y eso es clave para engrandecer más a uno de los respetables de la investigación chilena y, por qué no, de la ufología mundial.

III
LAS VIRTUDES DE UN HOMBRE SENCILLO

Las virtudes son formas de actuar dentro de nuestra existencia y se van ajustando con tal de proyectar el bien, la verdad, la justicia y la belleza. Todo dentro del contexto de colectividad en la que estamos insertos, donde, además, participamos de una vida comunitaria con otras personas. No olvidemos que los principios éticos se han modificado y, sobre todo, perfeccionado a medida que hemos avanzado en la historia del hombre, lo que también nos permite discriminar de mejor forma lo que es correcto o no, mancomunado con las leyes que regulan el comportamiento y relaciones humanas. En paralelo, también existen las llamadas «virtudes intelectuales», dentro de las cuales están consideradas la inteligencia, la sabiduría y la ciencia.

Precisamente, Luis Altamirano fue un espontáneo ejemplo de las virtudes cardinales e intelectuales y, con plena justicia de su pretérito actuar, hoy día nadie podría dudar de aquello. Su estudio de ovnis fue netamente de escritorio, por no ser un activo ufólogo de terreno, ya que las horas que indagó información en el Archivo de la Biblioteca Nacional, en el centro de Santiago, las hizo en completa y voluntaria soledad. Todo esto a pesar de tener únicamente estudios escolares y de trabajar toda su vida en oficios como operario u obrero, dejando de manifiesto su vasta cultura general y su lucidez en muchos aspectos de los no identificados, como, asimismo, de los temas denominados «paranormales». Por cierto, existe una entrevista de Altamirano muy poco conocida que se hizo en el marco de las XIII Jornadas de ufología de Viña del Mar, realizada en el mes de febrero del año 2010, llamadas popularmente «Las jornadas del bicentenario».

Desde el año 1997 hasta el 2010, la Agrupación de Investigaciones Ovniológicas de Chile (AION) organizaba anualmente un simposio de ufología en el Teatro Municipal de Viña del Mar. Dicha actividad estaba encabezada por el ufólogo Rodrigo Fuenzalida Herrera, en conjunto con Víctor Vial Terán y Enrique Silva Rojas, a quienes les colaboraban los investigadores Marcelo Moya, Pablo Henríquez, Fabián Sáez, Antonio Peña y Eugenio Fourt. Cabe recordar que, junto con la difusión de la temática, en Viña del Mar se distinguieron a célebres investigadores o divulgadores y, justamente, uno de los más importantes fue el homenaje rendido en vida, en febrero del año 2008, al destacado y querido locutor radial Patricio Varela[21], el cual, por

---

21   Ibid. Pag 48.

décadas, hizo difusión ufológica en su recordado programa *Mundo espacial* de Radio Portales. Varela falleció cinco meses después, el 13 de junio del año 2008. El llamado «Congreso del bicentenario chileno», aquel año 2010, fue sin duda una de las jornadas ufológicas más grandes y significativas que se hayan ejecutado, porque, en conjunto con la solemnidad de la fecha histórica, en aquella ocasión se logró reunir una gran cantidad de investigadores nacionales que, a pesar de sus diferentes enfoques, participaron en esta trascendental actividad, donde además se plasmó el primer homenaje en vida que se le hiciera a Luis Altamirano.

El 5 de febrero del 2010, en el segundo día del congreso, precisamente, al iniciar la jornada, se exhibió un video con una pequeña entrevista que grabó el productor del evento Víctor Vial junto con el autor de este libro. En aquella conversación, Altamirano fue tan preciso en sus respuestas que, para el público del Teatro Municipal, que bordeaban las 800 personas, dejó muy en claro su visión y, sobre todo, su claridad con esta temática tan compleja como difusa. Víctor Vial preguntaba y Altamirano respondía:

—¿Desde qué años usted ha investigado ovnis?

—Año 1965, más menos.

—¿Y por qué?

—Desde los ovnis de la Antártica, ya que había muchos casos ahí. La Antártica tenía muchas bases militares de Inglaterra, Estados Unidos, Argentina y Chile.

—¿Alguna vez ha visto un ovni?

—Solamente he visto luces en el lago Llanquihue. Año 1993.

—¿Qué necesitan hoy los investigadores?

—Primero, ser honestos, ser claros y, si tienen un caso, presentarlo a diferentes partes, a diferentes públicos; no solamente público, sino a los universitarios, porque los universitarios están más preparados. Tienen que ir a las universidades y publicar los ovnis.

—¿Algún mensaje a los investigadores?

—Que no se despedacen entre ellos. Que no se critiquen entre ellos.

—Para usted, ¿qué explicación tienen los ovnis?

—Es una interpretación psicosocial, y no soy experto en psicología.

—¿Usted es escéptico?

—No, pero acepto a los escépticos, porque le hacen bien al asunto, sino se van a volver todos locos.

—Para usted, ¿qué son los ovnis?

—Los ovnis son unas manifestaciones ópticas que ocurren aquí en la Tierra. O sea, cualquier avistamiento es un fenómeno por explicar.

—¿Qué le parece la apertura de las Fuerzas Armadas al tema de los ovnis?

—Muy bien. Los militares son gente muy directa, muy seria, muy responsable, además, muy ordenada y disciplinada; no es lo que pasa con los ufólogos, que cada uno anda por su lado. Andan igual que los ovnis: unos por aquí y otros por acá. [*Se ríe*].

—¿Quiere enviar un saludo?

—Sí. Un saludo a las Jornadas ufológicas de Viña del Mar. Que les vaya muy bien y que cada

día sean más amigos. Que compartan sus investigaciones, sus opiniones y salga todo bien.

—Bueno, don Luis. Quisiera hacer entrega de este pequeño presente de parte de las Jornadas ufológicas de Viña del Mar y de todos los investigadores chilenos que han trabajado con usted.

Inmediatamente exhibida la entrevista, el público presente en el Teatro Municipal de la ciudad jardín aplaudió de pie. Me consta y confieso que fue una mezcla de sensaciones, donde aparecían al unísono la emoción y alegría, ya que, por una parte, se reconoció la figura de uno de los pioneros en la investigación ovni en nuestro país, por no decir uno de los padres de la ufología en Chile, pero, al mismo tiempo y como lo manifestase el propio Altamirano, el hombre elogiado se dio cuenta de que su trabajo estaba siendo agradecido. Por ello, cuando hago mención al desarrollo de las virtudes intelectuales, Luis Altamirano fue un abierto prototipo de las tres: me refiero a la inteligencia, la sabiduría y la ciencia. Al analizar cada una de estas tres virtudes en orden inverso al que están escritas, comenzaré por dejar en claro los motivos por los cuales Altamirano era un auténtico hombre de ciencia.

La definición de «ciencia» proviene del latín *scientia*, lo que se traduce en «conocimiento». Por ende, envolviendo aquel interesante concepto, si la ciencia se determina como el conocimiento cierto de todas las cosas por sus principios y causas, ya tenemos un atractivo problema cuando tratamos de incorporar en esta concepción un fenómeno anómalo del cual no se tiene la menor idea de sus causas ni de las razones por las que se manifiesta. Ahondando, entonces, que ciencia es conocimiento, con la exigua erudición que hay de las manifestaciones no identificadas, nuestra queridísima ufología es simplemente una pseudociencia. Altamirano así lo dejó de manifiesto en un artículo publicado en el recordado y no menos polémico *dossier* español *Cuadernos de Ufología*, en donde señala textual:

«Es que en Chile hay mucho entusiasmo, pese a lo cual no existen estudios serios por falta de conocimiento y escasez de fondos. Además, la ufología no es una ciencia y solo pide elementos prestados a esta y a la tecnología para expresarse[22]».

Para hacer ciencia simplemente se requiere de una exclusiva condición: la noción y aplicación de lo que se denomina «método», el cual René Descartes, padre del racionalismo, definió como las reglas

---

22   CDU N°28, 3° Época, año 2002, España. Pag.118.

ciertas y fáciles gracias a las cuales quien las observa, exactamente, no tomará nunca lo falso por verdadero. Con esta referencia, sumado a que Altamirano indagó por más de 43 años la información que la prensa chilena publicaba sobre avistamientos de ovnis, podemos asignarle la categoría de pensador crítico y un hombre con pensamiento científico.

Nuestro protagonista manifestó su categórica sabiduría tal como un mentor de un consejo de ancianos, con un grado superior por conocimientos y experiencias cuando nos señalaba en la entrevista a Víctor Vial que los ovnis son manifestaciones ópticas que ocurren aquí en la Tierra y que cualquier avistamiento es un fenómeno por explicar. Esta respuesta, de lo que para él significaban los ovnis, se conjuga con que por más que se pretenda asociar las manifestaciones a diversas soluciones del enigma, donde la explicación supuesta más común es la hipótesis extraterrestre, hasta nuestros días, no existe una sola prueba objetiva que la valide. Es más, lo único con lo que juegan los creyentes es una suerte de dogma y, por supuesto, la infaltable especulación que interviene constantemente como parte de esa ufología viva, en donde la comunidad le sigue agregando cosas, no ajeno a los reportes, sino a todo lo que rodean dichos casos.

Finalmente, en las virtudes intelectuales y en cuanto a la inteligencia, Altamirano siempre fue una persona obsesiva con la adquisición y entrega de nuevos conocimientos. Su capacidad en el uso de la razón quedó expuesta en las sencillas contestaciones a cada pregunta de Víctor Vial, pero, asimismo, hay otra entrevista que se realizó para una exánime publicación que también acarreó diversas polémicas, pero esta vez en Chile: me refiero a la *Nave de los Locos*. En uno de sus números, dedicó dos páginas al Nibelungo, donde, paseando por temas históricos y de casuística nacional, nuestro protagonista plasmó unas frases que son para el bronce y que merecen la reproducción textual:

«Soy consciente de que la posibilidad de que surja algo de valor probatorio tras toda la fenomenología ovni está cada vez más lejana. Es que son varias décadas… y nada. Sé que la evidencia es endeble y que el juicio escéptico está justificado, pero, a pesar de ello, sigo pensando que hay algo real (desconocido) en el fenómeno ovni, pese a todos los fraudes y engaños[23]».

Desde que conocí a Luis Altamirano, siempre me pregunté qué hubiera pasado si este hombre del sur de Chile, «campechano», como decimos a una

---

23 La Nave de los Locos N°21/22, marzo 2003. Chile. Pag. 72.

persona buena de corazón, sencillo, de muy bajo perfil, pero con un intelecto y lucidez sorprendente, hubiese tenido la posibilidad de estudiar una carrera universitaria en cualquiera de los campos del conocimiento, pero, por ejemplo, en el área de las ciencias sociales o historia, junto con los posgrados que, lógicamente, hubiese seguido, la verdad es que estaríamos frente a un erudito que, con claridad, hubiese dejado mucho más que una huella. En este sentido, podría decir perfectamente que es una injusticia del destino, pero no es así.

Tal como le ilustro a diario a mi hija, es incorrecto suponer que la vida no es justa, o que, por alguna razón superior, la existencia no es ecuánime con el devenir de las personas. La vida es como es, así de simple y, en muchos aspectos, es una mera expansión del azar, por lo tanto, esperar que el destino o cierta fuerza, supuesto necesario o como se llame, incida directamente en los senderos que cada ser humano siga, es una incertidumbre, angustia e ilusión que no vale la pena cargar. Al momento de aceptar la vida tal cual viene, con sus alegrías y tristezas o, tal como avanzar dentro de un mosaico, con pasos en las baldosas blancas y otros en las oscuras, se aprende a disfrutar con plenitud los tres elementos cardinales que los sentidos nos otorgan: me refiero a los momentos, los detalles y los recuerdos.

Si a esto le sumamos la conciencia de disfrutar a los que amamos y a los que nos rodean, podemos ventajosamente conseguir la llave para lograr lo que se conoce como felicidad, y no hay más.

Es evidente que la impronta de Altamirano quedó esculpida en la ufología, un campo tan anárquico como son las pseudociencias, que carecen de todos los argumentos para lograr alcanzar siquiera la categoría de ciencia en desarrollo, pero que posee una proyección popular y un interés transversal. Al menos, eso permitió que este verdadero genio introvertido pudiese ser considerado pese a su condición, personalidad y recursos económicos limitados, lo que, dicho sea de paso, por muy escasos que fueran, también dedicó parte importante de ellos en esta quijotesca causa.

Demostrada sus cualidades intelectuales, Altamirano fue reconocido también por gran parte de la comunidad ufológica chilena, dada su generosidad, la que manifestaba cada vez que se reunía con cualquier investigador particular o alguna agrupación de seguidores y aficionados a los ovnis y su estudio. Si el intelecto del Nibelungo lo destacó, no hay duda que su virtud del bien común, la bondad y la expansión de la sana amistad fueron lo que más lo hicieron resaltar dentro de los investigadores de este país.

Tal como señalé, conocí a Luis Altamirano en el año 1997, cuando me lo presentó Rodrigo Fuenzalida, investigador chileno. En esa época, preparaba un ensayo para un concurso literario militar, el cual por fortuna y ayuda del espacio obtuve el primer lugar. Digo afortunadamente, ya que el tema eran los ovnis y la seguridad nacional, lo que, por motivos obvios, no tenía ni la más mínima esperanza en obtener al menos una mención honrosa. Tal como el apoyo recibido de Fuenzalida, también me lo brindó mi amigo Luis Carlos Sánchez Perry, y el mencionado Luis Altamirano, el cual, al saber mis intenciones y propósitos, el mismo día que lo conocí en el mes de julio, no dudó en regalarme unas fotocopias de noticias publicadas previas a la conmemoración de los 50 años de la era moderna de los ovnis, celebrada el 24 de junio de aquel año 1997.

De la misma forma en que lo hizo conmigo, Luis Altamirano otorgaba desinteresadamente parte de su trabajo, ya que, al encontrar noticias en la prensa escrita sobre avistamientos de ovnis siempre sacaba varias fotocopias con tal de repartirlas a todos los que le solicitaban ayuda para alguna investigación o simplemente para coleccionar casos ufológicos. En efecto, incluso sin pedirle información, el Nibelungo, donde fuera, llevaba consigo una bolsa de plástico llena de papeles con este tipo de crónicas, datos o reportajes, y las entregaba a cualquier interesado en ufología con el que se viera. A esta generosidad totalmente espontánea y desinteresada, debemos sumar las buenas intenciones de este hombre, el cual siempre, y lo recalco, porque era en todo el transcurso de su vida, perpetuamente deseó que todos los interesados en este fenómeno se colaboraran y se respetaran. Lo decía en la entrevista a Víctor Vial y cada vez que pudo: «Que los ufólogos no se despedacen ni critiquen entre ellos». Quizá esos buenos deseos son parte de un mundo casi ideal, ya que, como vemos, no solamente en ufología, sino que en la vida diaria existe una propagación de antivalores que nos hacen cohabitar en un mundo un tanto intolerante, insensible, poco empático y cada vez más agresivo.

Es obvio que cada investigador posee una idea diferente del fenómeno, y eso es muy respetable. El problema es que la disparidad no debiese ser un motivo para generar los altos niveles de avinagramiento del ambiente ufológico, tal cual lo hemos observado en los últimos años, el que se ha notado en ataques directos a las personas y no a los pensamientos. Yo invitaría a que los ufólogos imitaran a nuestros políticos, los cuales, a pesar de tener profundas diferencias ideológicas, como los vemos en gran parte de los debates que se exhiben en los medios de comunicación social, luego de acaloradas discusiones que parecen irreconciliables, son vistos en conjunto disfrutando de gratas reuniones sociales y las bondades de la vida. Quizá son menos apasionados que los mismos ufólogos o, peor, son más inteligentes. Quién sabe.

Sin embargo, volviendo a la prudencia, espero que, de verdad, los valores que dejó figurado Altamirano sirvan como auténticas semillas para alcanzar una convivencia mucho más sana y, sobre todo, más respetuosa entre todos los interesados en las mismas anomalías. Si, al fin y al cabo, absolutamente nadie es dueño de la verdad, y lo más interesante de todo es que no tenemos la menor idea sobre qué son los fenómenos aéreos no identificados o popularmente llamados «ovnis».

A secas y supremamente, puedo agregar que uno de los precursores de la ufología chilena, nuestro Nibelungo, fue una persona que sobresalió por sus virtudes mancomunadas con un cariño generalizado de todos quienes lo conocimos o sencillamente supieron de él. Con eso, su legado está en un proceso de genuina revolución, comenzando a

transformase en una verdadera leyenda dentro de
la ufología chilena y mundial.

IV
EL CREPÚSCULO Y LA INMORTALIDAD

Luis Altamirano Cañoles falleció el martes 8 de septiembre del 2020, a las 23.35 horas, en el sector geriátrico del Hospital del Salvador en Santiago.

Producto de las medidas sanitarias dispuestas por las autoridades de salud, dada la pandemia del virus COVID-19 que azotó al mundo y a Chile, no fue posible hacer un velorio ni tampoco el funeral que merecía este pionero de la ufología chilena. De una forma muy privada, su urna se trasladó desde la morgue del hospital donde estaba hacia el Cementerio Metropolitano, lugar donde descansan sus restos en la Manzana D-2, en la bóveda N° 752, perteneciente a la familia Garrido Gómez.

Es un hecho que, pasada esta época de cuarentenas y con el retorno de las reuniones masivas, podamos hacer una ceremonia en la tumba de Altamirano, donde la comunidad ufológica nacional y, especialmente, sus amigos y amistades puedan rendirle el merecido y justo homenaje póstumo a uno de los más grandes de la investigación chilena.

El Nibelungo comenzó a decaer físicamente a fines de la década del 2000, cuando una trombosis afectó de forma grave su salud y, en especial, su movilidad, dejándole delicadas secuelas en sus piernas, obligándolo así a internarse el día 26 de septiembre del año 2008 en el Hogar N° 5 María Inmaculada de la Fundación Las Rosas, ubicado en la ciudad de Casablanca. La razón fue muy simple: Luis no tenía familiares, al menos, que fueran conocidos o que él los identificara como tal. Debido a esta extraña situación, el IIEE Chile, encabezado por el investigador Raúl Núñez Gálvez, indagó en la Región de Los Ríos, como también en la ciudad de Osorno y, con mucha suerte, logró encontrar a un pariente lejano que, en realidad, la falta de consanguineidad y la propia separación física (hablamos de cuatro décadas), literalmente, hicieron su trabajo y no había nada de contacto ni conocimiento mutuo. Por otra parte, Altamirano no dejó herederos, al menos reconocidos, ni tampoco se le conoció alguna pareja estable. Quizá su vida íntima, que por efecto era muy privada, nunca estuvo separada de su vida ufológica, y siempre en su cabeza, especialmente, en sus sentimientos, solamente hubo espacio para el tema que lo apasionaba: los ovnis.

En este escenario, nuestro protagonista estuvo tres años en Casablanca, no muy cómodo, ya que la distancia, la soledad y en especial la imposibilidad de seguir ligado al sondeo de casos de ovnis lo hicieron bordear una depresión. En esos años, específicamente en enero del 2010, dos investigadores chilenos, Marcos González Velásquez, en ese tiempo perteneciente a la agrupación Canopus, y Rossy Antilef, ambos de la Región de Valparaíso, hicieron una visita a la Fundación Las Rosas de Casablanca para conversar con el Nibelungo, entrevista[24] que fue publicada en mayo de aquel año en el boletín *La Nave de los Locos* N° 37. En aquella reunión, ambos investigadores repasaron interesantes datos que el mismo González deja al descubierto en su publicación, ya que, según su artículo, había conocido años previos al Nibelungo en la casa de su tocayo, el investigador Luis Riquelme, otro pionero en la ufología chilena, con el gran mérito que recibió en su casa a muchos de los seguidores, estudiosos y fanáticos de los ovnis, los cuales siempre tuvieron el acceso al material audiovisual que Riquelme generosamente les exhibía o les facilitaba. En el artículo de *La Nave de los Locos* se dejó también plasmado que Altamirano añoraba el contacto con sus amistades ufológicas de tantos años, por ello es que insistió en que estaba comenzando a deprimirse y me consta.

Nombrar a Luis Altamirano como «el padre de la ufología en Chile» no es correcto. No porque carezca de méritos, los cuales tiene de sobra, sino

---

24   La Nave de los Locos N°37, mayo 2010, Chile. Pag. 36-37.

porque hay un par de elementos que son claves y los haré presente con tal de establecer a nuestro amigo en el sitial que se merece, siendo uno de los precursores del estudio de los ovnis en nuestro país. En primer lugar, la ufología es un estudio totalmente informal y, en parte, esta misma idea la expongo con detalles en este libro, antecedente del cual el mismo Altamirano estaba convencido y lo señala en sus entrevistas. La ufología es una pseudociencia, por lo mismo, es una actividad carente de disciplina, método y sin una base epistemológica. Por ello, es paradójico e incoherente nombrar a una persona puntual como un patriarca, cuando lo que hizo Altamirano y varios otros investigadores chilenos fue continuar con estudios que ya estaban desarrollándose en otras partes del mundo. En segundo lugar, y como antecedente decisivo, Altamirano fue parte de aquellos pioneros en Chile de la temática en cuestión e, incluso, hay algunos investigadores que dejaron registros de estudios contemporáneos a las actividades que hizo nuestro protagonista a fines de la década del cincuenta, especialmente, en los sesenta y setenta: me refiero a la importancia de Pablo Petrowitsch, Hugo Correa, Luis Riquelme, Raúl Gajardo Leopold, Hugo Pacheco, Aquiles Castillo, Patricio Varela, Roberto Arancibia, Raúl Núñez, Patricio Borlone, Gustavo Rodríguez, Lilia-

na Núñez, Jorge Anfruns Dumont, Enrique Sepúlveda Sariego, entre otros.

Independiente a ello, Luis Altamirano Cañoles
fue uno de los pioneros en la investigación ufológica chilena, precursor del estudio de casos, el análisis
de los mismos y la proyección de ideas concretas
en relación a las manifestaciones y, en sí, al fenómeno más desafiante e importante de nuestra era. El
legado de Altamirano es gigante, porque, junto con
explorar lo más recóndito de la literatura ufológica
y la información estampada en la prensa, su generosidad para con el resto, sumado a su carácter afa-
ble y sencillo, lo hacen destacarse de sobremanera.
Tal cual señala la página del IIEE en una entrevista, Luis poseía grandes cualidades: «Una memoria
digna de elogios, era reservado, sabía escuchar, era
humilde y compartía todo lo que conocía». En resu-
men, Altamirano era un gigante entre los grandes.

Producto de la trombosis y su delicado estado
de salud, otro amigo de Luis, quien amablemente
accedió a escribir el prólogo de este libro, el investigador chileno Juan Guillermo Prado, reunió toda
la información que llevaba por años sintetizando
y publicó el libro *Historia de la ufología en Chile*[25] en
coautoría con el Nibelungo. Este libro de 132 pági-

---

25 Ibid. Pag 16.

nas sintetiza casi por completo la casuística nacional y sus principales protagonistas, donde también se numeran los grupos más importantes de investigadores y las diversas publicaciones impresas en Chile.

A partir de mediados del año 2011 hasta su muerte este 2020, el Nibelungo estuvo como residente en el Hogar Nº 5 Nuestra Señora de la Paz, en la comuna de Ñuñoa en Santiago. En este lugar, pudo recibir la visita de parte importante de sus amigos de la comunidad ufológica y estar de esa forma más conectado con el acontecer nacional, la casuística y, por supuesto, los infaltables entretelones de una actividad social saturada de sabrosas discusiones, las que muchas veces superan la órbita del tema y traspasan la barrera de la compostura y buenas relaciones humanas. Lo más anecdótico de la vida de Altamirano en el Hogar Nº 5 es que, pese a su posición agnóstica frente a una creencia en la divinidad o su abierta impugnación hacia las iglesias, el respeto que mostró, precisamente, por las religiosas que velaron por su cuidado fue reconocido por todas las personas que trabajaban en la fundación. Eso fue el reflejo de la personalidad del Nibelungo: un hombre bien educado, considerando que la buena educación no es otra cosa que hacer sentir cómodas a las personas que nos rodean. Ese temperamento tan particular de Luis se hizo notorio en las decenas de mensajes y fotografías que dejaron personas que visitaban el hogar por múltiples razones, ya sea voluntarios de la Fundación Las Rosas, alumnos en práctica profesional o simplemente familiares de otros residentes que, al conocerlo e intercambiar un par de palabras, se daban cuenta del dilatado bagaje de contenidos que podían compartir, en especial, su conocimiento sobre los ovnis, un tema que llama la atención hasta de los más indiferentes o escépticos.

Cuando falleció el Nibelungo, como fui su apoderado desde el año 2011, la directora de la residencia, la hermana Ilia Chuchón, me hizo llegar un paquete donde estaban todas sus pertenencias, las que principalmente eran recortes, fotografías y tres cuadernos en los que todos quienes lo visitaban y conversaban con él dejaban algún mensaje o dibujo que luego coloreaba y, además, eran complementados por fotografías que los mismos visitantes se sacaban con esta auténtica estrella de la ufología residente de la Fundación Las Rosas. Los mensajes que están en esos cuadernos son francamente conmovedores, ya que expresan toda clase de elogios que exaltan la figura de un hombre sabio, cariñoso, simpático y con un gran sentido del humor. No es extraño que, en las fotografías, además, se adviertan numerosas mujeres que, inmediatamente debajo de las imágenes, plasmaran su afecto y encanto por la ternura y forma de ser del Nibelungo.

En la parte final de este libro, se encuentra una recopilación de mensajes de personas que quisieron ser parte de este significativo homenaje a Luis Altamirano, sumado a una compilación de imágenes donde podemos conocer un poco más de la sencilla vida de este precursor de la ufología chilena.

Como señalé en un capítulo anterior, al Nibelungo se le realizaron dos homenajes en vida: el primero fue el año 2010, en Las jornadas de ufología del bicentenario en Viña del Mar, y el segundo fue este año 2020, los días 15 y 16 de agosto, cuando un grupo de 14 investigadores se reunieron para efectuar la primera jornada solidaria a beneficio de Luis Altamirano. Producto de la emergencia sanitaria en Chile por la pandemia del COVID-19, el encuentro ufológico se desarrolló *online*, cumpliendo totalmente con las expectativas trazadas y reuniendo fondos para el auxilio del Nibelungo que, en ese momento, ya se encontraba muy delicado de salud. Pues bien, al fallecer el 8 de septiembre, el total de la recaudación se utilizó para paliar en parte los gastos de sepultación en el Cementerio Metropolitano de la ciudad de Santiago. En el encuentro virtual de ufología, los investigadores que participaron y colaboraron fueron Andrea Pérez Simondini (argentina), Pablo Zárate, Nicolás Maisterow, Marcelo Moya, Víctor Toloza, Rodrigo Fuenzalida, Javiera Navarro, Rodrigo Bravo, Eliseo Ibaca, Cristian Riffo, Freddy Alexis, Juan Andrés Salfate, Patricio Contreras y Alberto Medel. Todos ellos son la base de la actual ACU, Asociación Chilena de Ufología, un grupo de investigadores que decidieron crear este colectivo con el propósito de combinar los estudios que sus diferentes agrupaciones (o individualmente) han realizado y ponerlos al servicio de una plataforma común y abierta a toda la sociedad, junto con la difusión de eventos, programas, publicaciones y todo cuanto se pueda realizar de este tema. Si bien la ACU existía de manera informal, como un grupo de amigos reunidos por su apego a la ufología, el evento en apoyo del Nibelungo y, especialmente, sus resultados positivos, derivaron en la organización de este conjunto de estudiosos de los ovnis en Chile. Vayan los mejores parabienes para la ACU y, desde esta modesta publicación, los instamos a que, junto con organizarse como la Asociación Chilena de Ufología, puedan tomar el nombre patronímico de Luis Altamirano Cañoles como un referente dentro del estudio de este fenómeno, sumado a que sería el mejor homenaje póstumo para tan prestigioso y querido investigador. El legado del Nibelungo es inmenso y, a medida que pasen los años, las futuras generaciones podrán ir descubriendo los nuevos aportes que dejó este gigante de la ufología chilena.

Tal como señalé, en sus virtudes, Altamirano llegó transversalmente a cada rincón y a cada investigador sin distinción alguna. Al mismo tiempo, fue capaz de conservar una amistad con las posturas más extremas, no tan solo en el ámbito de los ovnis, sino en todos los sentidos, incluyendo los políticos. Precisamente, y me consta, conocí muy bien el pensamiento político de Luis, sus ideas y sus anhelos de una sociedad más justa y más solidaria, sin embargo, su respeto por los que no pensaban como él denotó su nobleza como un auténtico ciudadano amante de su patria y de la república.

Cuando escuchamos o leemos acerca de la inmortalidad de las personas, nos imaginamos una suerte de tránsito hacia otros horizontes desconocidos por nuestra conciencia que deberían abrirnos paso hacia un descanso eterno o el retorno a un nuevo cuerpo en otra época y lugar, según las viejas tradiciones místicas. Esa información, con exactitud, no la sabemos y solamente se basa en creencias fundadas en ciertas doctrinas de la fe o en el mismo misterio de la vida y la muerte. Distanciados de los dogmas o credos, nadie podría decirnos con certeza qué sucede después de fallecer, y cada cual tendrá su momento para verificar si todo lo planteado o dicho en esta tierra es real o no. El caso de los auténticos inmortales es distinto, ya que su ascendencia hacia el resto de los humanos está proyectada única y exclusivamente por sus mensajes, su impronta y su legado. Altamirano es un inmortal, ya que su recuerdo imperecedero está grabado en las preguntas que constantemente se hizo y compartió. Aquellas interrogantes que lo movieron desde muy temprana edad a comprender el mundo y sus enigmas, mucho más que en las respuestas aparentes que pudo haber encontrado, las cuales, para ser sincero, nadie en el tema ufológico las tiene. Por ende, en un mundo hiperconectado, con generaciones que hacen dudar si nuestro trabajo está bien hecho, con un simplismo y un presentismo angustiante que se condimenta con la sensación de saberlo prácticamente todo, es decir, tener las respuestas para las propias dudas existenciales, Altamirano es un faro en medio de una navegación nocturna y con temporal, el cual nos indica hacia dónde debemos apuntar para llegar a buen puerto, quizá desconocido, pero al menos llegar, para luego seguir en esta eterna navegación por las oscuras aguas de los misterios que nos rodean y condimentan la vida.

Una inquietud ambiciosa, casi compulsiva, formó a un investigador que, por más de sesenta años, trabajó de manera incansable, silente y anónima, buscando y recorriendo las noticias de punta a cabo, haciendo un viaje en el tiempo con tal de distinguir, con la mayor precisión posible, un desconcertante fenómeno presente en nuestra sociedad.

En sus estudios, Altamirano intercambió opiniones con la totalidad de los investigadores de este país, en especial con los de la vieja escuela. Esto, en paralelo al hallazgo de casos e informes inéditos en esta materia, los que fueron ordenados en su única publicación, *Historia de la ufología en Chile*, en sociedad con Juan Guillermo Prado, texto que debiese nuevamente estar disponible, en una segunda edición, el próximo año 2021.

Luis Bernardo Altamirano Cañoles, nuestro querido Nibelungo, ya traspasó las barreras generacionales y se transformó en una leyenda. Me alegro mucho por eso, ya que todo lo que hizo, sus lecturas, desvelos, necesidades, aventuras, sufrimientos, penas y alegrías, su infinito aporte a la ufología chilena, es decir, su vida entera que, concluyentemente, fue su travesía, dejó una huella imborrable. Rigurosamente, como deberíamos enfocarnos para nuestra existencia, el paso de Luis por este mundo valió la pena.

AGRADECIMIENTOS

El epílogo de este libro, dedicado a Luis, es una recopilación de cartas, mensajes o notas que investigadores y amigos quisieron plasmar con tal de agradecer el magnífico aporte que hiciera el Nibelungo a nuestra comunidad ufológica nacional y, en realidad, para todos a quienes conoció.

Resulta muy interesante que, en algunos extractos, pueden leerse jocosos eventos, anécdotas o, meramente, la forma en cómo diferentes personas conocieron a este genuino protagonista de la investigación ovni en Chile. Hay cartas que, al leerlas, podrían hacerles caer más de una lágrima; otras, un tanto más objetivas, relatan las peripecias de Luis; y también están las que narran parte del histórico trabajo de nuestro protagonista. Eso, sin dejar de resaltar los evidentes valores y virtudes de un hombre sencillo, pero con un intelecto y un corazón gigante, que disfrutaba con lo simple, es decir, era un hombre sencillamente feliz.

Las cosas que se comentan y lo expresado en las siguientes líneas demuestran todo lo que este libro trató de plasmar: dejar al Nibelungo, Luis Bernardo Altamirano Cañoles, precursor de la ufología chilena, en el sitial que se merece, el de los inmortales, que son un modelo para los que todavía nos queda un tiempo antes de abandonar este mundo.

MENSAJES PARA EL NIBELUNGO

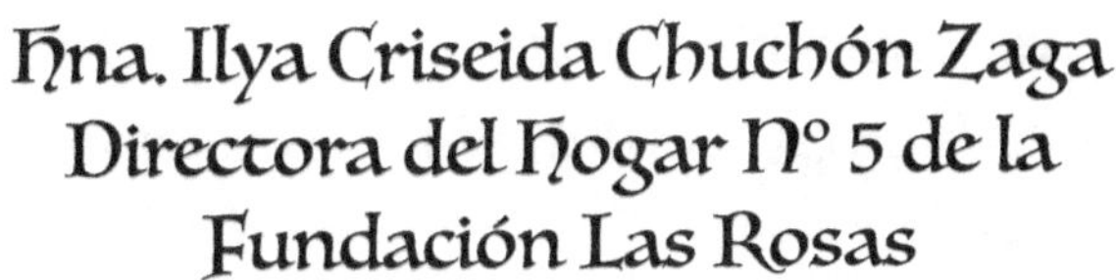

Hna. Ilya Criseida Chuchón Zaga
Directora del Hogar N° 5 de la Fundación Las Rosas

Un saludo fraterno desde el Hogar N° 5 Nuestra Señora de la Paz de la Fundación Las Rosas, ubicado en Ñuñoa, donde vivió por varios años don Luis Altamirano.

Desde el año 2018 lo conocí y siempre lo vi ocupado en sus lecturas. Pasaba la mayor parte del día leyendo artículos de revistas, del periódico y cualquier otro libro que cayera en sus manos. Disfrutaba la lectura ayudado por una lupa que se le consiguió o que también le regalaron sus amigos. Luis era un apasionado de la lectura y de la música.

Él usaba un andador con ruedas, el cual tenía repleto de libros y cuadernos con la colección de autógrafos y fotos que se tomaba con algunos estudiantes en práctica, quienes lo apreciaban mucho, ya que era muy amigable con todos, especialmente, con los jóvenes estudiantes, con quienes conversaba mucho.

A nosotras, las religiosas, nos tenía mucho respeto, a pesar de que él no profesara la religión católica.

Fue siempre comunicativo, expresando sus necesidades y bromista. Con sus compañeros era muy llevadero, tranquilo y silencioso, aunque no compartía mucho con ellos.

Lamentablemente, su salud fue deteriorándose poco a poco y tuvo algunas complicaciones y dificultad para caminar. En las noches lo veía haciendo ejercicios para poder ayudarse según la tarea que le había dejado el kinesiólogo. Luego, se enfermó y tuvo que ser derivado al centro de salud, donde estuvo varios días y partió a la casa del Padre.

Siempre la partida de cada residente deja vacíos y recuerdos gratos en nuestros hogares, donde tratamos que los

últimos años con nosotros sean los
más felices y que ellos lo sientan como
una antesala del cielo.

89

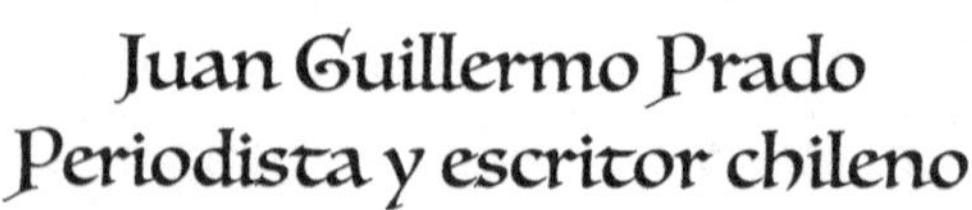

Juan Guillermo Prado
Periodista y escritor chileno

Un encuentro inesperado

Tiene que haber sido un día sábado a inicios de la década del 2000, cuando investigaba en la sala de la sección periódicos de la Biblioteca Nacional. Estaba tan absorto en mis lecturas, que no me di cuenta de que alguien estaba detrás de mí. Repentinamente, me paré y allí estaba con su típico mameluco azul. Fue entonces cuando inició el diálogo: «Don Juan Guillermo, he leído sus libros de ufología y quisiera conversar con usted». Aunque no lo conocía, me pareció interesante la invitación. Le pedí que me esperara un momento, hice entrega del periódico y salimos al pasillo.

Me llamo Luis Altamirano y hace mucho tiempo reviso los diarios del país buscando cualquier dato relacionado con ufología. Mi investigación la comencé con la *Aurora de Chile* y he seguido hasta ahora. He colaborado con muchos ufólogos, pero nunca me mencionan.

Dudé: ¿será cierto? Rápidamente, recordé que, en el libro *Ovnis, extraterrestres y otros en Chile*, su fallecido autor hacía referencias a insólitos encuentros con ovnis, datos que en mis investigaciones en bibliotecas y archivos nunca había visto. La pregunta me surgió de inmediato: quería saber si el escritor de este libro era o no uno de los tantos beneficiados con sus investigaciones y me respondió afirmativamente.

A medida que conversábamos, me di cuenta de que tenía un acabado conocimiento en torno al tema, por lo que le sugerí que realizara una recopilación con sus hallazgos. Su respuesta me conmocionó: «No se cómo hacerlo y para eso se necesita plata». Por entonces me encontraba desarrollando otros proyectos literarios, por lo que no era el momento para escribir sobre ufología, pues había publicado *Ovnis: La respuesta está allá arriba* en 1999; *Léxico ovnilógico* el año 2000 y *Raptados por un ovni* el 2003. Sin embargo, intuía que era necesario apoyarlo y le señalé: «Le propongo que escribamos un libro juntos con su material, pero, para complementar su investigación, me dedicaré a investigar lo que ocurrió antes de la aparición de la prensa en el país». Asintió con sus expresivos ojos y preguntó: «¿...Y la plata?». Respondí: «No se preocupé; ya veremos. Antes, debo ponerme a leer a antiguos escritores». En ese tiempo, para mí era complejo financiar la publicación de un libro con tres hijos en la universidad. No sabía en qué aventura editorial me estaba involucrando.

Concordamos que nos encontraríamos los sábados en la sección periódicos de la Biblioteca Nacional y así, con religiosa puntualidad, lo hicimos. Cada vez me traía material envuelto en un plástico transparente que fotocopiaba en la misma biblioteca: por mi parte, fui recopilando recortes de antiguos diarios y periódicos de Santiago y provincias. Tras nuestra reunión de trabajo, almorzábamos en algún restaurante cercano a la biblioteca y más de alguna vez fuimos a mi casa. Su soledad y carencias eran tremendas, por lo que estoy cierto que su vivo interés por la ufología era el refugio para sus necesidades y falta de reconocimiento.

Durante ese tiempo, me aboqué con entusiasmo renovado a buscar antecedentes en la conquista y en tiempos coloniales que tuvieran relación con el fenómeno ufológico. Encontré abundantes escritos relacionados con la materia, comenzando por las cartas de Pedro de Valdivia al rey de España y continuando con diversos cronistas que dieron cuenta de que algo pasaba en los cielos de este abandonado rincón del mundo. Las sorpresas se sucedían al leer a los autores de aquel tiempo. Solo mencionaré algunos de los hechos que encontré en mi investigación.

Alonso de Ercilla, en el poema épico *La Araucana*, describe un aparato volador, al que tuvo acceso a través del mapuche Fitón, «un mago, grande y hechicero». Siguiendo el relato de Ercilla, el mapuche Fitón llevó al poeta a un globo cuya «grandeza (era) tal, que no podrían veinte abrazar el círculo luciente», agregando que desde allí «todas las cosas parecían en su forma distinta y claramente: los campos y ciudades se veían, el tráfago bullicioso de la gente, las aves, animales, lagartijas, hasta las más menudas sabandijas (...)». El lenguaje no es claro, pero el poeta, en su narración a bordo del globo, recorre el mundo y, al finalizar su experiencia, el mago le expresó: «...Y como ves, en forma verdadera de la tierra, la gran circunferencia». Así, confirmaba lo que, hasta ahora, algunos dudan sobre la redondez de la tierra. Además, Ercilla relató un extraño fenómeno aéreo que observó al llegar a la ciudad de Concepción el 24 de junio de 1557. El marino hispano Pedro Sarmiento de Gamboa, quien fundó en el estrecho de Magallanes los fuertes Nombre de Jesús y Rey Don Felipe, que, por los padecimientos de sus habitantes, fue conocido como Puerto del Hambre, mientras navegaba en las gélidas aguas del estrecho, escribió el 7 de febrero de 1580 en la bitácora de su nave:

«Esta noche, a una hora de noche, a banda del sureste, cuarta al sur, vimos salir una cosa redonda, bermeja como fuego, como una adarga, que iba subiendo por el cielo o viento. Sobre un monte salto se prolongó y, estando como una lanza sobre el monte, se hizo media luna entre bermeja y blanca».

Cabe preguntarse qué fue ese objeto submarino no identificado (OSNI) que surgió de las aguas, subió hacia el cielo y cambió su forma y color. Tan verídica fue la imagen que, impresionando el avezado marino, nos dejó incluso el dibujo de lo que observó aquella noche. Curiosamente, la imagen de aquel extraño objeto aparece en el primer tomo de la *Historia de Chile*, que escribieron Francisco Antonio Encina y Leopoldo Castedo, pero no hay ninguna explicación sobre qué es. En aquel tiempo, una de las fuentes históricas más importantes fueron los escritos de los miembros de la Compañía de Jesús, quienes llegaron al territorio nacional en 1593 y fueron expulsados de los territorios hispanos de América en 1767. Precisamente, uno de sus autores fue el chileno Alonso Ovalle, quien describió un extraño fenómeno aéreo. En efecto, en su obra *Histórica relación del reino de Chile*, publicada en Roma, en el año 1646, describió una curiosa batalla en los cielos:

«Viéronse en este tiempo, en el aire, formados dos ejércitos y escuadrones de gente armada, puesto en campo y orden de pelea, el uno a la banda de nuestras tierras, donde sobresalía y se señalaba un valiente capitán en un caballo blanco, armado con todas armas y con espada ancha en la mano desenvainada, mostrando tanto valor y gallardía que daba alientos y ánimos a todo su ejército y le quitaba al campo contrario, el cual se vio plantado a la parte de las tierras del enemigo y, acometiéndole el nuestro, le dejó desbaratado en todos los encuentros que tuvieron: representación que les duró por el tiempo de tres meses».

Alonso Ovalle señala que este es un relato que escuchó de algunos testigos y que él no tiene ninguna duda que haya sido así, pues conoce narraciones similares ocurridas en la antigua Roma y en el segundo libro de *Los*

macabeos, donde aparece un jinete «vesti-
do de blanco, armado de armadura de oro y
vibrando la lanza». Según el cronista, luego de
esta larga y extraña batalla, que sucedió en
las cercanías del volcán Villarrica en la primera mitad del siglo XVII, hubo una furiosa
erupción, cayendo la ceniza ardiente en un río
cercano «que cocieron cuanto pescado había
en él» y, en aquel desastre, las aguas del lago
Villarrica crecieron hasta inundar las tierras
vecinas y los pueblos indígenas, por lo cual
sus pobladores tuvieron que refugiarse en
los cerros vecinos. El narrador prosigue su
relato afirmando que los aterrados testigos:

> «Vieron correr sobre las aguas un árbol
> que ardía y, tras este, una bestia fiera,
> llenas de astas retorcidas, la cabeza
> dando espantosos bramidos y lamen-
> tables voces, visión que dio motivo a la
> contemplación piadosa a interpretar
> por ella aquel monstruoso animal que
> vio San Juan en su apocalipsis».

En mis diversas lecturas sobre la obra
del padre Ovalle, no he encontrado explica-

ción alguna a lo que describe en tierras de La Araucanía. El mismo Alonso de Ovalle señala que en la caleta de Carelmapu, el 14 de mayo de 1663, luego de que un terremoto asolara el lugar, sus aterrados habitantes observaron un «globo de fuego sobre un monte alto que cae encima del fuerte y adonde suelen subir a ver entrar los navíos, el cual parecía amenazar aún mayor ruina. De allí saltó al mar alterando las aguas». Con motivo de otro sismo, ahora en Concepción, el 25 de mayo de 1751, pasó por los cielos de esa ciudad una esfera ígnea emitiendo un extraño sonido. No solo Ovalle, otros jesuitas, como el abate Molina, Felipe Gómez de Vidaurre y Miguel Lancunza, quien murió en el exilio en la ciudad de Imola, en 1801, en su obra *La venida del Mesías en gloria y majestad* describen curiosos fenómenos aéreos.

Es necesario poner de relieve lo que el escritor Francisco Antonio Encina destaca en su *Historia de Chile* respecto de la expulsión de los jesuitas, pues significó un retraso de medio siglo en el desarrollo de Chile. Ellos, en su convento de Calera de Tango, en el siglo XVIII, construyeron un magnífico reloj que actualmente se encuentra en la Catedral de Santiago, cuyo mecanismo era capaz de indicar horas, minutos, segundos, días contextualizados en semana y mes, movimientos del sistema solar, las fases lunares, movimientos y los desplazamientos de las casas del zodiaco y el pronóstico de los eclipses.

Una carta de la Real Audiencia santiaguina al rey de España, sobre un hecho ocurrido el 16 de junio de 1647, que fue transcrita por Benjamín Vicuña Mackenna en su *Historia de Santiago*, da cuenta de un extraño fenómeno aéreo:

«Como a las seis de la tarde, de una nube negra que cubría un girón del cielo se despidió una luz como fuego, con la respuesta que pudiera dar un tiro de mosquete y, rompiéndose en el aire de la primera región, centelló pavesas como un cohete y se volvió a la nube, donde, quedando formado en planeta, como cometa de fuego, se desvaneció poco a poco sin dejar rastro».

No sabemos cómo explicar este extraño fenómeno meteorológico, sin embargo, quizá el relato más espectacular sobre esta materia lo encontramos en 1737, en una descripción que transcribimos del libro *Descripción historial de Chiloé, 1791*, del fraile franciscano Pedro González de Agüero, ocurrido en una isla llamada La Quemada, donde se lee:

«Esta isla tiene este nombre porque fue la primera que se conoció abrazada de una espantosa nube inflamada o golfo de fuego, que, en el año 1737, corrió para el sur desde la bahía de la Concepción, donde se admiró a la prima noche sobre la isla de Quiriquina, causando tanto horror que se abrieron los templos y, descubierto el Santísimo Sacramento, concurrió el pueblo con plegarias a impetrar la Divina Misericordia. Observose el mismo fenómeno en Arauco, con igual asombro y tanta claridad que parecía estar inmediata alguna grande hoguera. Corrió por sobre Valdivia y sobre la ciudad de Castro, la que estuvo en gran consternación por la vecindad que sintió del dicho incendio hasta que se abatió el dicho globo, que era a la forma de una gruesa nube sobre el archipiélago y abrazó 20 de sus islas en distancia de 9 leguas de norte a sur y otras tantas de este a oeste, las cuales van anotadas en el mapa con cruz pequeña. Quedaron tan incendiadas, que, hasta hoy, se miran en ellas por testimonio las cenizas, la que de ellas se denomina La Quemada, que está en 45° 52' 309° 37'».

¿Quién podría explicar qué fue esa nube que recorrió desde Concepción al sur y tuvo la capacidad de quemar una veintena de islas en el archipiélago de Chiloé?

Si, hoy, los fenómenos aéreos anómalos causan inquietud y temor, hay que imaginarse qué ocurría en la supersticiosa y pía sociedad de tiempos coloniales. Cualquier hecho que podríamos relacionar con los objetos voladores no identificados era considerado como una señal de malos augurios, de desgracias, de acontecimientos terribles...

Concluida mi investigación y seleccionado el material de Luis Altamirano, teníamos el material, mas no la casa editorial ni el dinero para imprimir el libro. Una imprenta situada en el sector de Recoleta aceptó publicar el texto, incluso imprimió un díptico anunciando su aparición, pero, a poco andar, el propietario exigió una suma que no teníamos.

En la búsqueda de una imprenta, Luis me pidió dedicar el libro a su sobrino Dieguito. Nunca supe si era un sobrino real o se refería a Diego Zúñiga, periodista, quien, con el abogado Sergio Sánchez, publicaban el boletín *La Nave de los Locos*. Finalmente, recurrimos a Hamid Mashandi, de nacionalidad persa, propietario de la editorial Alba, en Valparaíso, quien ya me había impreso algunos textos. Generoso, publicó el libro con la condición de que le pagáramos cuando lo vendiéramos. El libro salió de la imprenta cuando Luis Altamirano estaba internado en una casa de la Fundación Las Rosas en Casablanca. Había que buscar un lugar donde efectuar el lanzamiento. No fue una tarea fácil: los platillos voladores no son bienvenidos en algunos sectores intelectuales. Fuimos recibidos en el Instituto Cultural de la Municipalidad de Providencia, cuyo encargado nos prestó, sin costo, la sala de conferencias para 400 personas. Pensábamos que no acudirían más de 40 asistentes y encargamos un modesto ágape para ese número de concurrentes.

Llegó la hora del lanzamiento. Fue en el crepúsculo del 25 de noviembre de 2009. No era el momento más adecuado, ya que en unos días más se realizarían elecciones presidenciales y parlamentarias, y la ciudadanía estaba inmersa en ese acontecimiento que llevó a la presidencia de la república, por primera vez, a Sebastián Piñera. Como suele suceder en este tipo de eventos, el nerviosismo se apodera de quien es el autor y, para peor, no estaba presente el coautor. Los asistentes comenzaron a llegar, entre ellos, algunos ufólogos, aunque la mayoría era gente desconocida. En la testera, se instalaron quienes presentarían el libro: el español Josep Riera, Raúl Núñez, Sergio Alcayaga y el académico Sergio Martínez Baeza, presidente de la Sociedad Chilena de Historia y Geografía. La presentación fue un éxito, los libros se agotaron y solo quedaba una deuda pendiente: llevar ejemplares del libro a Luis Altamirano en su residencia de Casablanca.

Una tórrida tarde de verano, en Valparaíso, pasé por la editorial, pedí un paquete con 25 libros, tomé un bus y fui a verlo. Las celadoras de la Fundación Las Rosas no podían creer que, entre sus internos, hubiese un escritor. Fue la primera vez que le llevé textos. Recuerdo que volví un par de veces, pero Luis ya no estaba preocupado por el tema: su interés era salir de ese lugar y retornar a Santiago. Finalmente, lo logró y fue cobijado en una sede de la fundación en la comuna de Ñuñoa. Estaba convencido de que yo tenía contactos para sacarlo de allí. El lazo que me unió a Luis me obligó a visitarlo no pocas veces, pero, cada vez, él insistía en que lo sacara. No obstante, nada podía hacer por quien ha sido el mayor investigador de la ufología chilena.

El 8 de septiembre del año 2020 Luis se fue calladamente, sin recibir el reconocimiento que se merecía.

Raúl Núñez Gálvez
Investigador chileno-español

Luis Altamirano Cañoles: un hombre bueno de verdad

Generalmente, en los cementerios, delante de los difuntos, amigos y familiares, hacen alocuciones resaltando lo «bueno» que el finado fue en vida. Demás está decir que más de un asistente no comparte todas estas bonitas palabras, pues, en verdad, este señor, que pasó a mejor vida, «era egoísta, infiel, ludópata», etc. y «tenía un largo currículum de doble vida». Suele ocurrir. Lógico, nadie dice nada: es un momento transcendental en la despedida de un ser humano.

No me imagino que nadie que conozca al Nibelungo lo encasille como una mala persona. Su sencillez, su presencia lejana pero cercana a la vez, su vestir, su sonrisa, sus silencios y observaciones de quienes lo rodeaban, siempre en segundo plano, lo hacían más que hombre «bueno» en nuestras temáticas. Todo esto lo introducía sin que él se imaginara en una clasificación extraña, rara, enigmática y muy acorde a lo que se trataba delante suyo. Era un ser fuera de lo común, en una sociedad que tiene ciertos patrones de comportamientos y referencias inamovibles, más aún en un país donde predomina un clasismo semioculto del que nadie escapa.

Luis vivió su vida e hizo lo que realmente le agradó. También, compartió con todos y no se complicó. Para él, todos eran buenas personas, más aún si estaban metidos en el misterio de los no identificados y la búsqueda de un mundo que nos cuesta entender. Él seguía su camino y tenía sus propias ideas; a nadie trataba de convencer. Se anidó en mi mente, de las conversaciones que tuvimos, el pensamiento de que en la ufología no podía ser todo aceptado a primeras; había que anteponer siempre la duda, y acuñó la frase de que el «escepticismo sano era necesario», lo que yo he practicado hasta la fecha. No compartía las posiciones extremas ni de devotos creyentes de los ovnis ni de las personas que nacieron con un gran «no» frente a fenómenos anómalos que se presentaran. Ni siquiera se apoderaba de este pensamiento, sino que me dijo haberlo extraído de lecturas de grandes investigadores europeos y algunos norteamericanos. Estaba informado y leía, una característica propia en él que, hoy en día, está muy en desuso.

Como toda persona entregada a esta pasión de los ovnis, tuvo sus momentos malos, incluso desprecios de algún intolerante y almidonado investigador, pero sus comentarios nunca fueron hirientes ni de rencor, solo atribuible a la temática misma que trae consigo el virus del egocentrismo y, tal vez, una foto al lado del Nibelungo quitaba elegancia y «seriedad» al artista de turno, pero aquello no le importaba. La mayoría de quienes realmente le conocían, lo apreciaban y admiraban sus esfuerzos por saber más de su pasión, y también con los imponderables que le presentaba la vida.

La soledad ufológica existe. Lo he comprobado en mi vida en el extranjero y lo conversé más de una vez con Luis, con quien compartí muchos episodios, tanto de Chile como de

España, que yo le comentaba. Terminamos siempre riéndonos y aceptando que estos temas traen ciertos aspectos muy ligados a los propios humanos y que el fenómeno no afectaba solo a los testigos, sino, en forma casi conjunta, a muchos investigadores. Me sentía muy identificado con esas conversaciones con Luis y siempre quedarán en mi mente esos momentos.

¿Qué más se puede añadir de Luis? Los hombres que pasan por esta vida sin grandes recursos, pero con la mente muy activa y unas ansias de curiosidad por el conocimiento son muchos y nadie los recuerda. Luis fue genial en muchas cosas, incluso con ansias de estudios mayores que no pudo desarrollar como él hubiera querido, pero su autenticidad y ejemplo de tolerancia, de compartir, de búsqueda continua y sus recopilaciones son su mayor legado para las futuras generaciones que quieran dedicarse a estas materias.

Solo puedo añadir que este sí es un hombre «bueno», y no creo que, en un homenaje póstumo ante su tumba, ningún pensamiento gris inunde el espacio donde se esté recordando su memoria. Todo lo contrario, un rayo de luz y esperanza nos llegará a todos para que estas temáticas tan complejas y difíciles de entender sean un vínculo de unidad, de solidaridad y nunca de enfrentamiento.

Jaime Tamayo
Periodista e investigador chileno

Mi recuerdo sobre Luis Altamirano

Conocí a Luis Altamirano por el año 1988, en las míticas reuniones que se realizaban en casa del investigador Luis Riquelme todos los sábados en la tarde, donde compartíamos las últimas novedades, junto a las visitas de interesantes personajes ligados a esta temática.

Luis era un personaje en sí mismo. Desaliñado en su vestir, parecía un personaje detenido en los años 60 o 70 y siempre lo podías ver muy atento a lo que se hablaba, tomando notas en sus hojas sueltas y con su lápiz Bic azul o rojo que atrapaba todo lo que se comentara.

Recuerdo aquel sábado, a fines de octubre del año 1990, cuando, gracias a la gestión de mi amigo Cristián Riffo, periodista, escritor e investigador, organizó el primer encuentro con el escritor español J. J. Benítez en una de sus visitas a Chile. Ese día, muchos de los que hoy siguen o seguimos en la investigación del tema asistimos a esa importante reunión. Nombres como Carlos Muñoz, Aquiles Castillo, Juan Castillo, Ernesto Guiraud, Luis Riquelme, entre otros, estuvieron en aquella jornada con quien, en ese entonces, era uno de los investigadores más reconocidos a nivel mundial. Grande fue mi sorpresa cuando llego a la cita, por su puesto, adelantado a la hora y ansioso de conocer a quien solo había visto a través de sus libros, y veo que, entrando al hotel donde sería la reunión, ya estaba esperando el legendario Luis Altamirano junto al investigador Juan Castillo. Ambos conversaban y revisaban las notas de las preguntas que le harían a Benítez. Altamirano era un protagonista que siempre estaba en los momentos importantes que este tema nos regalaba.

En otra oportunidad, en una charla organizada por *Ovnivisión* que se encontraba llena de público, me dispongo a mirar desde atrás para ver la cantidad de gente que estaba esperando el comienzo del evento y alguien me saluda. Al dar vuelta mi cabeza, era Luis Altamirano, quien me dice: «Tamayo, consígueme una entradita». Yo lo veo y le digo: «... Pero Luis, usted no necesita entrada». Sonríe y se apresura a entrar feliz, tal cual como niño con un juguete nuevo, instalándose de inmediato en la primera fila, porque precisamente era de los que disfrutaba de cada evento ovni que se hacía, no importándole en absoluto que se hablaran los mismos temas o que la reunión fuera larga y tediosa, ya que Altamirano siempre estaba atento y aportando con sus comentarios y, aunque algunas veces era difícil entender lo que decía por su particular forma de hablar, siempre sus reflexiones o preguntas eran muy interesantes.

Altamirano era un personaje al que podríamos considerar parte del inventario del mundo ufológico nacional, porque, haciendo memoria para redactar estas líneas, recuerdo haber visto a Luis antes de las míticas reuniones en casa de Luis Riquelme, en una de las pocas reuniones a las que asistí en casa de Hugo Pacheco de la agrupación CIO, uno de los investigadores más activos allá por los años 60.

En definitiva, Luis es un personaje que siempre estaba y que seguirá presente en nuestros recuerdos por su particular estilo que lo transformó en una figura inolvidable en este mundo de los ovnis criollos.

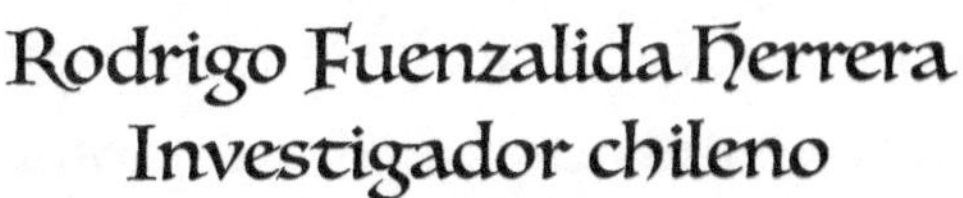

Rodrigo Fuenzalida Herrera
Investigador chileno

El Nibelungo

Conocí a Luis Altamirano en una conferencia de Jorge Anfuns D. y Luis Riquelme, en el Banco Estado, en el año 1989. Luego de la conferencia, me lo presentan e inmediatamente Altamirano me comienza a entregar una serie de datos sobre casos ovni al sur de Chile. A partir de ese minuto, me di cuenta de que era una biblioteca andante. Dentro de sus curiosidades, me llamó mucho la atención que su camisa era de color rojo, pero destellante, casi fosforescente. Para la época, un tanto excéntrica, pero se notaban que eso le daba exactamente lo mismo. De ahí en adelante, no perdimos el contacto y fue un invitado «regalón» para todos los eventos: congresos de ufología, seminarios, etc. Por ejemplo, años después, era un asiduo de las actividades ufológicas que hacíamos en Bulnes 188 y, además, siempre nos acompañaba a las actividades que se realizaban después de las charlas. Lo invitábamos siempre a las comidas o reuniones más de camaradería.

En esos años, había muchos teléfonos públicos y Luis permanentemente me llamaba, pero sus llamadas eran más largas de lo normal, que eran tres minutos; el Nibelungo tenía un truco de una moneda que hacía pasar por el teléfono varias veces, pudiendo hablar una hora fácilmente. En esas llamadas, Altamirano me daba un verdadero reporte del acontecer ufológico nacional y, junto a Mario Dussuel, permanentemente nos reuníamos a comer y a conversar de ovnis, ya que el Nibelungo tenía una gran cantidad de datos e información muy precisa. Quizá cuánta de esa información se llevó al otro lado.

Puedo rescatar, también, que es parte de su legado como investigador su apego por el rigor de los datos, es decir, Altamirano iba a las fuentes, buscaba, «se quemaba las pestañas», cosa que el mundo dista mucho por la comodidad de nuestros equipos, en cambio, nuestro amigo escarbó en los lugares más recónditos de la prensa chilena, encontrando información muy precisa que nos permite crear una base de datos. Sin su labor, dicha información estaría perdida y tendríamos una ufología, en muchos aspectos, sin pasado.

Otra cosa muy curiosa es que el legado de Luis es conectarnos con el pasado de los ovnis, en otras palabras, nos dejó un respaldo que nos abre la necesidad de entender, investigar y proyectar este fenómeno hacia el futuro, lo que nos permite hacer un trabajo deductivo a través de su trabajo de investigación. Por otro lado, también rescato su actitud colaborativa y completamente desinteresada, ya que entregaba toda la información y, gracias a ello, seguramente, sentía satisfacción por ayudar y ser parte de un colectivo. Tenía una actitud madura, dadivosa y colaborativa.

Lo que más rescato es su alegría, espontaneidad con ese chiste siempre «a flor de labio», «tirando para arriba», siempre inyectando las mejores ondas, haciendo que todos lo que estaban a su lado se sintieran apoyados por sus consejos y su persona.

Su nivel cultural impresionaba, ya que podrías hablar libremente de todo tipo de temas con él, aparte de ufología: política, religión, etc. Siempre lo escuchaba con mucha atención porque lo consideraba un hombre sabio, ya que cada una de sus palabras tenían una gran consistencia interna, llamando toda la atención de quienes lo escucharan por su inteligencia elaborada y razonamiento muy agudo.

Fue un gran hombre, con un conjunto de atributos que siempre colaboró con mi enriquecimiento personal como intelectual y, además, así fue con cada uno de los que conoció e interactuó.

Dicen que la inmortalidad es tener una vida que valga la pena recordarla. Para mí, Luis Altamirano pasó entonces a ser un inmortal.

Sergio Sánchez Rodríguez
Abogado y escritor chileno

El platillo del Nibelungo

Imaginemos, por un momento, que un platillo volador se hubiese estrellado con la superficie de nuestro planeta. Sí. Ya sé que, según algunos, tal cosa ha ocurrido ya en Roswell, en Aztec o hasta en Puebla, pero vamos a asumir lo inverosímil, o sea, que lo anterior solo es un amasijo de rumores jamás probados, promovidos por los sectores más sensacionalistas de la ufología actual (violentemos nuestra imaginación para aceptar, así sea momentáneamente, que nada alienígena hay tras toda esa panoplia). Entonces, un platillo volador se estrella, por primera vez, contra la superficie de la Tierra, y da la casualidad de que tal artefacto cae en un pantano y se hunde inexorablemente en él, de los espacios siderales a las arenas movedizas.

Había muchos investigadores de extraños prodigios celestes. Algunos de ellos hubiesen dado sus vidas (o sus dentaduras) por la tuerca y el tornillo de esas presuntas naves que venían de allende el espacio, pero fue el más humilde de todos ellos, el más callado y el con menos ínfulas quien fue testigo privilegiado del castañazo, el único que conocía la exacta ubicación del platillo caído. Esa misteriosa estructura del azar, que guía los destinos de todas las criaturas de este mundo y de los otros, quiso que, en el día de autos, un agraciado Nibelungo fuese testigo del traumático descenso de un «ovni» y de cómo este quedó sumergido en el lodo pantanoso, lejos de toda mirada, pero mucho más cerca de su guardián que si se tratase del fondo de un lago o, peor aún, del océano. Hemos dicho «su guardián». Sí. El Nibelungo de nuestra historia prefirió callar, y no por codicia. Se convirtió en el custodio del «ovni» estrellado. No se trataba de un anillo wagneriano capaz de dar a su poseedor poderes inimaginables, de esos que le permitirían domeñar a sus semejantes. Aquí, se trataba del conocimiento de un lugar extraordinario, del punto exacto en que se produjo el castañazo, pero nuestro Nibelungo sabía que, de enterarse de lo suce-

dido, los ufólogos se abalanzarían —justifica-
damente— sobre el lugar del platillo sinies-
trado, buscando la prueba definitiva. Tal vez,
muchos querrían preceder a los demás en
su llegada al sitio de los hechos, olvidándose
incluso de quién les había confiado el valio-
sísimo secreto, quizá hasta defenestrando al
Nibelungo, el guardián del pantano, el custodio del anillo, quiero decir, del platillo.

Cuando me entrego a esta fantasía, no
puedo dejar de evocar a Luis Altamirano
Cañoles. ¿Por qué goza hoy del aprecio general del gremio ufológico en nuestro país? Además de la sencillez y la simpatía que le carac-
terizaban, cualidades que seguramente otros
autores han destacado antes y mejor que yo,
Altamirano fue, a su modo, un custodio de
la memoria ufológica nacional. Su presencia,
pertinaz y sistemática en las instalaciones
de la Biblioteca Nacional es, por sí misma,
un símbolo. Paso a explicarme. Conocí a Luis
en «el umbral del siglo XXI», si se me perdona
la frase rimbombante, es decir, cuando ya la
ufología había aterrizado masivamente en
internet. Por cierto, como hoy, seguían exis-

tiendo entonces libros y revistas en papel, así como foros y congresos «presenciales», pero gran parte de la actividad ufológica se trasladó a la red. Ahora bien, por los apremios económicos que Luis vivió a lo largo de toda su vida, no pudo acceder fácilmente a un computador personal. Por eso, quienes lo recuerdan lo evocan así: aferrado a sus papeles, a sus recortes de diario, a sus fotocopias de recortes de diario... A su modo, podemos decir que él custodiaba la biblioteca que visitó mil veces, hasta que un grave episodio de salud lo alejó definitivamente del espléndido palacio (que lo es).

Hombre de otro tiempo, perteneciente a una generación que lamentablemente ya ha comenzado a dejarnos, el Nibelungo simbolizaba esa época preinternet, donde todo soporte de información era concreto, pesable y medible (incluyo en esto a los registros de audio), esa época donde el conocimiento era material y no deambulaba en una dimensión paralela que nos hemos acostumbrado a llamar «ciberespacio»: rumas de papeles, apiladas en una modesta habitación: cuadernos escolares con apuntes e indicaciones varias; y decenas y decenas de libros de ovnis, todos muy reales, concretos y mensurables. En eso podemos resumir la vida de nuestro común amigo. Es que el Nibelungo no solo custodiaba la memoria ufológica nacional: preservaba también los papeles, impresos o no, en los que ella está registrada. Nuestras vidas electrocéntricas no deben jamás olvidar que, si internet llegase a caerse a nivel planetario, siempre podremos volver a los viejos y queridos pergaminos, a veces amarillentos, cuya existencia sigue siendo, hasta hoy, uno de los mayores logros de la civilización. No era *El Oro del Rin*, como podemos ver, sino el oro del tiempo, y el Nibelungo lo sabía.

Raúl Gajardo Leopold
Investigador chileno

Luis Altamirano, por siempre

Es difícil escribir sobre una persona cuando, al solo mencionar su nombre, la mente se llena de emoción que no es posible contener en palabras, y eso me sucedió con el señor Luis Altamirano. Al saber de esta posibilidad de escribir sobre él, de inmediato sentí que la sangre me encendía y un temblor recorrió el cuerpo, pero, así y todo, trataré de salir adelante para cumplir este cometido. ¡Vamos adelante, que se puede!

A fines de los ochenta, comencé a viajar a Santiago desde Angol, lugar donde resido en La Araucanía, para asistir a los eventos que se ofrecían sobre ovnis, tema que comencé a amar a los diez años, en la década del cincuenta. Por mi actividad en Angol, comencé a hacerme levemente conocido, y así fue como, viniendo de la nada, se me aparece en Santiago un señor de mediana edad, rostro redondo y extraño, de un hablar algo confuso, de baja estatura y que su pregunta inicial, como la de siempre, fue la misma, acompañada de una sonrisa: «¿Cómo están los ovnis?». A lo que yo siempre le narraba algo nuevo. En esa oportunidad, me contó su práctica de archivar lo que encontraba sobre el fenómeno en la prensa. Como anécdota, puedo añadir que una vez, en un cambio de casa, se me extravió un legajo de suplementos dominicales del diario *La Tercera* sobre el tema. La solución: Altamirano. En poco tiempo, ya estuvo en mis manos.

En el año 1998 y 1999, en estas tierras se produjeron dos grandes oleadas de ovnis variados, cercanos y puntuales, con miles de testigos presenciales desde Rancagua hasta Puerto Montt, pero nadie de Santiago; ni siquiera el Cefaa se interesó en venir. Yo tuve un ovni multicolor a las 22.00 horas, por cuatro noches seguidas, a una distancia de 500 metros en la vertical de mi casa y, luego, en el cercano valle de Batuco, lugar donde continuó la función. Esos avistamientos comenzaban alrededor del 25 de noviembre y seguían hasta terminados los meses de verano. Invité varias veces a Luis Altamirano en esos años, pero siempre tenía excusas. Muchos años después, me enteré de su precaria situación económica. De haber sabido antes, yo mismo le hubiera enviado los pasajes para que viajara. Por merecimiento y por su amor a este fenómeno, el ver los ovnis habría sido su premio a la constancia y a su afecto verdadero. Ese es el dolor que llevo en mi corazón, ya que nadie me comentó y no tuve como enterarme de su situación. Al tiempo, con mi amigo Raúl Núñez, otro de los mismos, fuimos a visitar a Luis al hogar de ancianos de la Fundación Las Rosas, donde estaba, y compartimos una grata charla, dándome cuenta de lo sana que estaba su mente, ya que me reconoció inmediatamente con mi nombre completo. Luis es y será una persona difícil de olvidar por su jovialidad y callada simpatía, pero, sobre todo, por su humildad sin par: algo que todos deberíamos imitar. No hay que desconocer que los ufólogos somos medios prepotentes y despectivos, que contestamos, a veces, de mala manera, que si, a veces, estamos frente a una cámara, somos capaces de lanzar una fétida humareda al televidente, ya que nos creemos insuperables, no sé bien de qué, pero, quizá, por solo haber visto una o dos veces lo que categorizamos como «ovni», y eso que es solamente de suerte.

Altamirano tuvo la fortuna de contar con gente de amistad en la piel que lo cuidaron, se preocuparon de él y de que su viaje sin retorno fuese grato. Además, hicieron que estuviera cómodo y bien atendido como el mejor para cuando le tocase subirse a su último ovni.

La noticia de su partida recorrió como una flecha por nuestro querido Chile, haciendo que todos y cada uno de los investigadores le deseáramos un buen viaje en el universo donde estés, con el que tú soñaste. Luis, tu agradable recuerdo nos acompañará por siempre.

César Parra
Investigador chileno

Altamirano

Conocí a Luis Altamirano porque me lo presentó Sergio Sánchez en el año 2003, cuando estaba escribiendo una nueva versión de la *Guía mágica* de Santiago. Sánchez me recomendó a Luis y, de ahí, nos visitamos seguidamente, teniendo la dicha de que, en aquellos tiempos, almorzara en mi casa.

Lo encontraba un tipo muy simpático, agradable y que, al vernos, siempre llegaba con fotocopias o documentos sin pedirme nada a cambio, entregándome mucha información sobre apariciones de fantasmas. De hecho, en la edición de mi libro está Luis en los agradecimientos por su aporte sustancial, ya que me facilitó una gran cantidad de material increíble que yo desconocía. Altamirano, con el tiempo, me puso en contacto con Liliana Núñez, otra investigadora.

Yo gocé la amistad de Altamirano, eso es un hecho, porque, después, cuando ya estaba en la Fundación Las Rosas, lo fui a visitar y lamento mucho no haber sido más perseverante e ir en más ocasiones, ya que su aporte en mi vida fue muy importante. Fue una excelente persona, muy humilde y, a la vez, muy sabia. Siempre le voy a agradecer su aporte para *La Guía mágica* de Santiago. De hecho, eso siempre va a estar impreso en los agradecimientos del libro. Es un tipo al que se le va a extrañar mucho y lamenté mucho su partida, por lo mismo, es muy merecido el título de «uno de los padres de la ufología en Chile», y yo, también, agregaría «de lo paranormal nacional».

Luis Altamirano no es un grande, es un gigante.

Diego Zúñiga Contreras
Periodista e investigador chileno

Días de biblioteca y fotocopias

Hola, «Marcianito».

A veces no alcanzaba uno a reaccionar cuando Luis Altamirano, «el Lucho», ya había empezado a contar historias, a relatar aventuras o cosas que le pasaron en la semana. Siempre esos relatos tenían que ver con su pasión: los ovnis o, más bien, si pretendemos ser precisos, con lo que hay detrás de los ovnis: ufólogos, personas, seres humanos que comparten intereses comunes y que se acompañan cuando la vida se encargó de dejarte un poco solo...

Tengo recuerdos dispersos sobre esos años. Sí. Lucho me llamaba «Marcianito» y nunca nadie más me volvió a decir así. Yo a él, como quedó claro, le decía «Lucho». No «don Luis» o «señor Altamirano»; era Lucho. Se imponía el tuteo entre nosotros, pese a que él era varios años mayor que yo. Si me apuran, y hay que presionar la memoria, creo que nos conocimos el 99 o el 2000, casi con total seguridad, por intermedio del escritor Juan Guillermo Prado. En esos años, yo estudiaba periodismo y visitaba a Prado a menudo en la Biblioteca del Congreso Nacional, donde él trabajaba. Además, él escribía unos suplementos sobre ovnis para la cadena *El Mercurio*, y en uno de ellos me entrevistó. Luego, sacó unos suplementos similares para un semanario que se llamaba *El Alba* (o algo así) y creo que allí entrevistó a Lucho también, que habló sobre ovnis y terremotos. Ese material precioso lo tengo guardado en los archivos que me esperan en Chile, atentos a mi retorno. Creo que, en alguna de esas visitas a Juan Guillermo, él me habló de Luis, ese señor que era muy conocido en la Biblioteca Nacional porque iba todos los sábados a sacar fotocopias de noticias de ovnis. Me pasó más de alguna vez que yo iba en la semana a buscar material para mi tesis o para artículos que escribía para un boletín que publicábamos en esos años, *La Nave de los Locos*, y me decían que iban a sacar dos copias de mis hallazgos, la mía y otra «para don Luis». Los funcionarios de esos años lo conocían muy bien y le tenían tanto cariño como respeto. En la radio, el investigador porteño Juan Palma contó, poco después de la muerte de Lucho, algunas anécdotas sobre el «poder» de Luis dentro de la biblioteca.

Voy a contar algunas imágenes sueltas que se me vienen a la cabeza. Por ejemplo, me llamaba la atención que Lucho guardaba sus cosas en una bolsita transparente. Allí, tenía hojas de cuadernos con fechas, anotaciones y apuntes, teléfonos, direcciones, en fin: era como su agenda. Ahí dentro también había un lápiz y monedas sueltas con las que pagaba las fotocopias que sacaba en la biblioteca. Estoy seguro de que no siempre se las cobraban. Creo que había un pacto tácito entre compañeros de clase, entre obreros hermanos en la lucha diaria: el señor de las fotocopias, cada tanto, sencillamente le pasaba las copias a Luis y ya. Una pequeña alegría gratuita, hermano, no hace mal.

A veces, salíamos de la biblioteca y nos íbamos a la Plaza de Armas a conversar un rato o a sacar más fotocopias en Arturo Prat con la Alameda. Caminábamos esos tramos y otras veces nos encontrábamos en el centro para entregarle el último número de *La Nave de los Locos*. También ocurría que yo le comentaba algún caso y, a la semana siguiente, llegaba con una revista o libro donde ese caso era mencionado. Me acuerdo que una vez apareció con un ejemplar de la revista francesa *Science et Viey* una copia del libro *Flying Saucers on the Attack*, de Harold Wilkins. Le pregunté cómo había conseguido esas joyas y me dijo que en librerías de viejo. A la revista francesa le saqué fotocopias que todavía conservo en casa, y hoy tienen un valor más especial que nunca.

Lucho fue sumamente generoso conmigo, especialmente cuando yo trabajaba en mi tesis, que luego se convirtió en el libro *Noticias de Marte*. Me llevaba fotocopias o me prestaba sus hallazgos para que yo los copiara y me buscaba casos o daba datos de fechas que recordaba de memoria donde aparecía algo que yo buscaba con denuedo. Yo, de vuelta, solía llevarle revistas extranjeras que conseguía. Una vez, le pasé una tesis universitaria que estaba en la biblioteca de la Escuela de Periodismo de la U. de Chile. Eso hacíamos, conversábamos e intercambiábamos material.

Pocas veces hablamos de temas privados. Él sabía que yo tenía polola y cosas así, pero de él yo sabía poco. Nunca me pareció importante preguntarle por su vida. Siempre pensé que invadir ese terreno era ir más allá de lo necesario.

Lucho también fue entrevistado en *La Nave de los Locos* por el abogado y escritor Sergio Sánchez y escribió para el dosier que sacamos en *Cuadernos de Ufología*. No recuerdo cómo hicimos eso, si él lo escribió y me lo envió o yo lo entrevisté y armé la nota. Es probable que fuera esto último, por comodidad: Lucho no tenía computador.

Otro clásico de Lucho eran sus llamadas telefónicas. A mí me llamaba temprano los fines de semana, a primera hora. A veces, a las 8.30 o 9.00 a. m. empezaba su ronda de llamados. Contaba cahuines, básicamente. Preguntaba cosas y quería saber de qué sería el próximo número de *La Nave*. Llamaba a Sergio Sánchez («Sanchito») y luego me contaba lo que había hablado con él, y viceversa. Me contaba historias de Luis Riquelme, «Riquelmito», que Fuenzalida hizo tal cosa y que Riffo contó tal otra. Algunas de esas historias, luego, las reporteábamos y salían en *La Nave*, como breves.

Con la investigadora Liliana Núñez eran muy amigos. Él iba a tomar once donde ella y ambos se tenían mucha estima y respeto. No puedo recordar si Luis iba o no a las charlas del Cefaa, esas que se hicieron por esos años y que solían reunir, mensualmente, a lo más granado de la ufología nacional. Es probable que sí fuera, pero no tengo una imagen concreta. Sí nos encontramos en una charla que se hizo en el Planetario, donde habló Patricio Varela. Ahí, estuvimos también con Juan Palma. De eso, incluso, tengo unas lindas fotos.

Cuando Lucho enfermó y lo internaron, con Sergio intentamos ayudarlo. Lo fuimos a ver, le llevamos una revista o un libro; no recuerdo. Después, a Luis lo derivaron a Casablanca y, alguna vez, intentamos coordinar una visita con Marcos González, del Cifov de Valparaíso, pero fue justo en la fecha del terremoto. Quedamos de ir después, pero nunca pudimos coordinar tiempo y la idea se desvaneció. En ese tiempo, yo estaba a *full* en el trabajo y encontrar un día libre era sumamente difícil. Marcos sí fue a visitarlo algunas veces, junto a Rossy Antilef, Juan Palma y Rodrigo Jofré. En *La Nave de los Locos* publicamos una nota al respecto. Yo después me fui del país y las veces que volví de visita, todo era ajetreado y no había tiempo para salir de Santiago.

Estaba terminando de escribir este breve texto cuando decidí revisar antiguos correos, los que me enviaba Lucho desde un cíber que tenía cerca de su casa. Ahí, veo que también me decía «Capitán veneno» y que, aprovechando una visita que le hizo Marcos González en 2010, me mandó una carta muy feliz porque íbamos a republicar *La Nave*. Qué bueno que redescubrí esa carta. Si la sumo a

las fotos y a un audio que me mandó Lucho por intermedio de Sergio Sánchez en junio de 2019, tengo los elementos suficientes para seguir manteniendo al gran Luis Altamirano Cañoles muy presente en mis recuerdos e, incluso, más allá, cuando llegue el momento de que esas memorias mías también pasen al olvido.

Dania Vega Aguilera
Estudiante de Pedagogía en Filosofía

Conocí a Luis Altamirano el año 2012 en el Hogar Nuestra Señora de la Paz de Fundación las Rosas. Comencé a ir a este lugar porque mi parroquia hacía allí la caritativa. Muchas veces escuché decir que «no sabemos amar» y, como quería entender esto, iba siempre al asilo y era fiel a esa propuesta.

Todavía recuerdo cuando lo pillé la primera vez. Me acuerdo del lugar exacto y que me había llamado la atención porque estaba leyendo. Al principio, solamente lo escuchaba, pues me costaba entenderle, ya que, por algunos problemas de la edad, no se le entendían algunas palabras, pero, con el tiempo, aprendí a descifrar lo que me comunicaba. De ahí que, con los meses y los años, se fue construyendo una relación muy linda.

Luis era un hombre callado con el resto de abuelitos y abuelitas del asilo, tanto así que, una vez, llegué a la hora del almuerzo y uno de los abuelos que se sentaba al frente estaba desproporcionadamente sorprendido porque creía que Luis no hablaba con nadie. Sin embargo, cuando llegaba gente (estudiantes, amigos y amigas) era muy receptivo. De hecho, tenía varios cuadernos (de distintos años) en donde hacía escribir y/o dibujar a toda la gente que lo visitaba (y él luego coloreaba esos dibujos). Muchas veces, a aquellas personas con las que más compartía les pedía de regalo una foto y estas las guardaba en un álbum.

Luchito siempre fue medio «bibliófilo»: siempre estaba leyendo con su lupa, ya sea un libro, una hoja, un diario o una revista. Le gustaba guardar trozos de hojas de estos, donde había algún titular o imagen que le llamara la atención. Muchas veces, cuando lo iba a visitar, agarraba su «burrito» repleto —de verdad, ¡repleto! ¡Era una montaña de hojas (y otras cosas)!— y se desplazaba muy veloz, pese a sus dificultades al movilizarse, ya que tenía problemas para caminar y siempre sufría dolores de huesos —generalmente, era para dejar o buscar algo a su pieza, antes de sentarse a conversar. Esto siempre me llenaba de ternura—.

Se podía hablar de cualquier cosa con él y tenía sus opiniones bien definidas. Generalmente, hablábamos de política o religión, además, como yo soy cristiana y él era ateo, daba para mucho. Era un hombre simpático; siempre «con el chiste en la boca». También, me pedía que llamara o enviase mensajes a algunas personas de parte suya, enviando saludos y pidiendo que lo visitaran. En fin... Luis fue un gran amigo, pese a nuestra gran distancia generacional.

Si tuviera que describirlo en una palabra, esta sería «curiosidad».

Rebecca Levis
Exvoluntaria de Fundación Las
Rosas, Ñuñoa

Querido don Luis:

¿Cómo está usted? Tanto tiempo desde que nos vimos la última vez y, al parecer, pasará algún tiempo más hasta poder vernos nuevamente.

Sé que siempre le fascinaban las cartas personalizadas, por lo que sentí apropiado dedicarle esta: mi última carta.

Recuerdo nuestras conversaciones durante mis visitas al hogar de Ñuñoa en que hablábamos de la política pasada y presente, de la música, películas y de la religión, ¡solo para nombrar unos pocos de la totalidad de los temas que hablábamos!

Pasamos muchas visitas leyendo las colecciones de artículos antiguos que tenía guardados de ufología, su pasión, entre otros temas (aún tengo su libro de la *Historia de la ufología en Chile*). Otros días, rescatábamos datos de los *Almanaques mundiales* (en inglés, por supuesto) o le leía las noticias del día y así nos manteníamos informados y al tanto del acontecer nacional e internacional. Por otra parte, también tratábamos de captar los momentos sacándonos fotos o reviviendo las ya sacadas. Son tantos los recuerdos y tan lindos, que, para mí, siguen dándome vida...

Don Luis, ahora usted me mira desde el otro lado, algunos dirían desde el cielo, aunque sabemos que usted no y, seguramente, tiene ya la respuesta para los tantos misterios de los cuales hablábamos, por ejemplo, de los UFO, de las conspiraciones y, en general, de las grandes preguntas de la vida. Espero que hoy, donde sea que esté, ese lugar le brinde mucha paz y ahora pueda saberlo todo, pero también espero que sepa lo mucho que usted está presente en mi mente y que cada vez que eso ocurre sonrío, me acuerdo y doy las gracias por nuestras conversaciones y por los maravillosos momentos que pudimos compartir.

Goodbye, my friend. Until we meet again.

Tu «Gringuita», Rebecca.

LAS IMÁGENES DEL NIBELUNGO

1
2
4
CENTRO INVESTIGACION
OVNI - SANTIAGO-CHILE
T.I.P.
SOCIO
Cargo
A-04-17
Nº registro
5478937
C. Identidad
CHILENO
Nacionalidad
LUIS B. VESTANICANO C.
Nombre
C.I.O.
Presidente
3
5
6
7

II Congreso Internacional de Ufología
Santiago, Chile 30-31 de Mayo al 1 de Junio, 1997

15
16
02-MAYO-20
Para Luchito ♥ el mejor y más simpático!
Cola-Cola
31 abril del 2019
Selfie
Sofi. la reina Sofi
Voluntaria
18
Querido Don Luis:
Le dejo este cuaderno con la [idea] de que
siga recolectando esos lindos mensajes!
Espero que le sirva muchísimo y que lo guarde
muy bien!
Fue un agrado conocerlo y compartir con usted
Gracias por las sonrisas que compartió
junto a mi ♥
Espero que se acuerde de mi!
Con mucho cariño!
17
19
20
21

1 y 2: Luis Altamirano junto a su madre (1949), y en diciembre de 1941 en la ciudad de Osorno.

3:	Una de las pocas imágenes de Luis Altamirano en sus primeros años en Santiago de Chile.

4:	Credencial de Luis Altamirano como integrante de CIO Chile (1978).

5:	Luis Altamirano junto a una familia amiga en la década de los 80.

6:	Un joven Luis Altamirano a sus 18 años en la ciudad de Osorno.

7:	Luis Altamirano junto a una familia amiga en la década de los 70.

8:	Luis Altamirano junto a Ana María Sanhueza y su hija (21 de junio de 1985).

9:	Luis Altamirano, Mario Dussuel (psiquiatra), el fallecido divulgador radial Patricio Varela y el investigador español Josep Guijarro, año 1998. (Fotografía del IIEE Chile).

10:	XIII Jornadas de ufología de Viña del Mar (febrero 2010), Jornadas del Bicentenario. De derecha a izquierda: Sergio Sánchez R., Rodrigo Fuenzalida H., Luis Carlos Sánchez P., Marcelo Moya S., Rodrigo Bravo G., Ricardo Bermúdez S., Jorge Anfrus D., Alberto

Urquiza G., Juan Castillo C., Enrique Sepúlveda S., Juan Guillermo Prado O.

11: Fotografía de Luis Altamirano con Sergio Sánchez, Patricio Borlone, Diego Zúñiga, Juan Guillermo Prado y Luis Riquelme.

12: Luis Altamirano, Rodrigo Fuenzalida y el periodista chileno radicado en Estados Unidos, José Antonio Huneeus. Santiago, 1997 (foto del IIEE Chile).

13: Luis Altamirano y el escritor peruano Mario Vargas Llosa en una librería de Santiago. Principios de los años 80 (foto del IIEE).

14: Luis Altamirano junto al investigador norteamericano Derrel Sims y el ufólogo chileno Raúl Gajardo Leopold (1993).

15: Marcos González V., Luis Altamirano y Rossy Antilef. Fundación las Rosas de Casablanca (03 de enero de 2010).

16: Luis Altamirano en una sesión de fotos junto a Josefina Meneses, estudiante de Enfermería de la UNAB (2018).

17: Última fotografía de Luis Altamirano con vida, junto a María Jesús Labra, estudiante de la Universidad de Los Andes (02 mayo 2020).

18: Fotografía de uno de los cientos de dibujos que sus amigos o visitas le dejaban.

19: Luis Altamirano recibiendo un presente por parte de Víctor Vial T., productor y uno de los organizadores de las Jornadas ufológicas de Viña del Mar (Hogar Fundación las Rosas de Casablanca, 05 de febrero 2010).

20: Luis Altamirano junto a Dania Vega A. (2015).

21: Luis Altamirano junto a Rebecca Levis, estudiante norteamericana que disfrutó por años de su amistad mientras estuvo en Chile (visita en el cumpleaños de Luis el 13 de septiembre de 2014).

Luis Altamirano Cañoles junto con Rodrigo Bravo Garrido.

«No soy adivino, pero espero que las nuevas generaciones de investigadores tengan un espíritu científico y que no se dejen engañar por ilusos y gente que se lucra con sus relatos, solo así la ufología podrá cambiar en esta tierra».

Luis Altamirano Cañoles, 2009.